배워서 바로 써먹는

# 찰떡 한국어

한국에서의 생존을 위한

## 필수 회화

SD에듀

(주)시대고시기획

# PREFACE 머리말

## 책을 쓴 이유

교육 현장에서 한국어를 가르치면서 가장 자주 들었던 학생들의 요구 사항 중 하나가 '한국인들이 평소에 쓰는 진짜 한국어를 배우고 싶다.'라는 것이었습니다. 외국인들이 처음 한국어를 배울 때는 한국인들과 의사소통이 가능해진 것만으로도 충분히 만족합니다. 그런데 일정 수준이 되면, 자기가 배워서 쓰는 한국어는 한국 사람들이 실제로 쓰는 말과는 좀 다르다는 생각을 하게 되지요. 일반적으로 정식 한국어 교육 기관에서 사용하는 교재는 반드시 가르쳐야 할 문법들을 배열한 후에 그 문법들을 넣어서 대화문을 만들기 때문에 한국 사람들이 실제 생활에서 쓰는 한국어와 좀 다른 경우가 많습니다. 그래서 체계적인 한국어 교육을 받은 사람들이 이제는 한국인이 평소에 쓰는 진짜 한국어를 쓸 수 있도록 돕기 위해서 이 책을 썼습니다.

## 책의 특징

이 책은 상황별로 구분 지은 16개의 PART로 구성되어 있는데, 각 PART마다 네 개의 수준별 대화문과 하나의 응용 대화문이 들어 있습니다. 어떤 상황에서든 다섯 개의 대화문에 나온 문장들만 잘 활용한다면 평소에 한국인이 말하는 진짜 한국어를 잘 익힐 수 있을 것입니다. 또한 간단한 어휘와 문법이 정리되어 있어 이미 알고 있는 것을 금방 확인할 수 있고, 만약 모르는 것이 있다면 보다 쉽게 찾아볼 수 있도록 했습니다. 각 PART의 첫 부분에 있는 '알아 두면 쓸모 있는 한국 문화'는 여러분이 알아 두면 아주 유용하게 쓸 수 있는 정보를 넣어 두었고, 대화문 뒤쪽의 '말랑말랑 찰떡 TIP!'에서는 한국어를 배우면서 느끼게 되는 궁금증을 시원하게 풀어 놓았습니다. 또 PART의 뒷부분에는 '공부한 내용 확인하기'라는 제목으로 여러분들이 좀 더 적극적으로 이 책을 활용할 수 있도록 대화문 빈칸 채우기 연습란을 마련해 두었으니, 꼭 다 채워 보시기 바랍니다.

## 독자들에게 바람

이 책은 한국어 교육 기관에서 교과서(Text Book)로 쓰는 교재를 대신하는 것이 아닙니다. 교과서에서 다루지 못하는 부분을 보충하는 +α 책이라는 것을 꼭 알아 두셨으면 좋겠습니다. 여러분들이 한국어 교육 기관을 통해 배운 것들이 이 책을 이해하는 데 도움이 될 것이고, 또 이 책이 여러분이 학교나 학원에서 한국어를 배울 때 도움이 될 것입니다. 그러니까 이 책으로만 공부한다고 생각하지 말고, 지금 하는 한국어 공부를 계속 하면서 이 책도 함께 보시기를 부탁드립니다. 이 책을 통해 여러분의 한국어가 더 세련되어지길, 그리고 언젠가 여러분이 한국인보다 더 한국인같이 한국어를 할 수 있게 되길 빕니다.

## 감사 인사

못난 남편 뒷바라지 하는데도 누구보다 곱게 늙고 있는 조강지처 지영이와 세상에서 가장 예쁜 미소로 힘을 주는 아들 유빈이와 딸 수빈이에게 고맙다는 말을 남깁니다. 또한 제가 저 스스로의 부족함을 잘 아는데도 자꾸만 제가 이 세상에서 최고로 잘난 사람이라고 착각하게 하시는 내 아버지께도 너무 고맙다고, 사랑한다고 말씀드리고 싶습니다. 그리고 이 책의 저자로는 제 이름만 들어가 있습니다만, 사실은 저 혼자 쓴 게 아닙니다. 처음부터 끝까지, 기획부터 구성, 수정, 탈고까지 모두 편집자와 함께 했습니다. 더 정확히 말하자면 편집자가 차려 준 밥상에 저는 숟가락만 얹은 것이지만, 그냥 좀 뻔뻔스럽게 같이 썼다고 해 두겠습니다. 좋은 아이디어로 책을 기획하고, 부족한 제 글을 멋지게 수정해 주고, 완벽한 흐름을 갖도록 구성해 주신 김미연 님과 김서아 님께도 이 지면을 빌어 감사의 말씀 전합니다.

2021. 초겨울, 임준

# 찰떡 한국어 100% 활용 방법

**STEP 1** 관련 한국 문화와 함께 공부할 중요 표현을 미리 확인해 보세요.

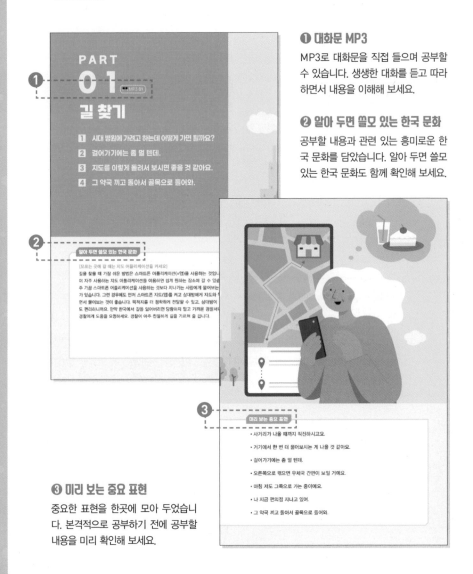

**PART**

**01** ● MP3 01

**길 찾기**

1. 시대 병원에 가려고 하는데 어떻게 가면 될까요?
2. 걸어가기에는 좀 멀 텐데.
3. 지도를 이렇게 돌려서 보시면 좋을 것 같아요.
4. 그 약국 끼고 돌아서 골목으로 들어와.

**알아 두면 쓸모 있는 한국 문화**

[모르는 곳에 갈 때는 지도 어플리케이션을 켜세요]

길을 찾을 때 가장 쉬운 방법은 스마트폰 어플리케이션(=앱)을 사용하는 것입니다.
이 자주 사용하는 지도 어플리케이션을 이용하면 쉽게 원하는 장소에 갈 수 있습니다.
주 기종 스마트폰 어플리케이션을 사용하는 것보다 지나가는 사이에 물어보는 것이
가 있습니다. 그런 경우에도 먼저 스마트폰 지도(앱)를 켜고 상대방에게 지도와 것
먼서 물어보는 것이 좋습니다. 뚝뚝지를 더 정확하게 전달할 수 있고, 상대방이
도 편리하니까요. 만약 한국에서 길을 잃어버려 당황하지 말고 가까운 경찰서에
경찰에게 도움을 요청하세요. 경찰이 아주 친절하게 길을 가르쳐 줄 겁니다.

**미리 보는 중요 표현**

- 사거리가 나올 때까지 직진하시고요.
- 거기에서 한 번 더 물어보시는 게 나을 것 같아요.
- 걸어가기에는 좀 멀 텐데.
- 오른쪽으로 꺾으면 우체국 간판이 보일 거예요.
- 마침 저도 그쪽으로 가는 중이에요.
- 나 지금 편의점 지나고 있어.
- 그 약국 끼고 돌아서 골목으로 들어와.

### ❶ 대화문 MP3

MP3로 대화문을 직접 들으며 공부할 수 있습니다. 생생한 대화를 듣고 따라 하면서 내용을 이해해 보세요.

### ❷ 알아 두면 쓸모 있는 한국 문화

공부할 내용과 관련 있는 흥미로운 한국 문화를 담았습니다. 알아 두면 쓸모 있는 한국 문화도 함께 확인해 보세요.

### ❸ 미리 보는 중요 표현

중요한 표현을 한곳에 모아 두었습니다. 본격적으로 공부하기 전에 공부할 내용을 미리 확인해 보세요.

**STEP 2** 기본 대화문을 읽으면서 중요 표현을 쉽게 공부해 보세요.

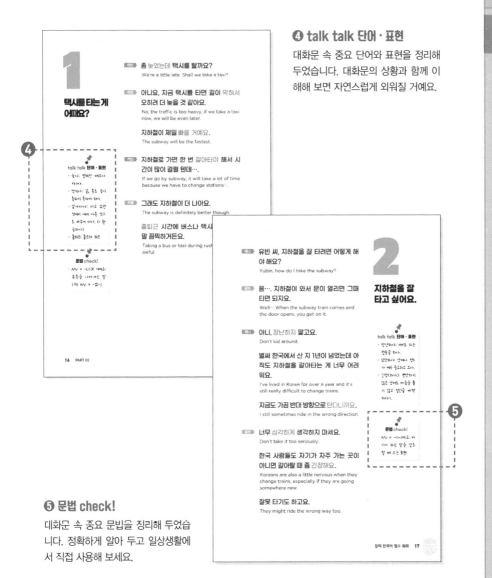

### ❹ talk talk 단어 · 표현

대화문 속 중요 단어와 표현을 정리해 두었습니다. 대화문의 상황과 함께 이해해 보면 자연스럽게 외워질 거예요.

### ❺ 문법 check!

대화문 속 중요 문법을 정리해 두었습니다. 정확하게 알아 두고 일상생활에서 직접 사용해 보세요.

※ 자연스러운 대화 내용을 위해 대화문과 번역 간 의역이 있습니다.

**STEP 3** 기본 대화문을 통해 공부한 중요 표현을 채워 보세요.

**❻ 공부한 내용 확인하기**

앞에서 공부한 대화문의 중요 표현들을 직접 채워 보세요. 보고 들으면서 공부한 내용들이 술술 채워질 거예요.

---

**📝 공부한 내용 확인하기**

**PART 15-1**

A: 유빈 씨, 제 컴퓨터가 1)_____이 난 것 같아요. 어떡하지요?

B: 어떤 문제가 있어요?

A: 그냥 컴퓨터가 켜지지를 않아요. 2)_____을 연결해도 안 되네요.

B: 언제 샀어요? 3)_____ 오래됐어요?

A: 아니요, 5개월 정도 된 것 같아요.

B: 그러면 A/S를 받을 수 있을 거예요. 저하고 같이 가 봅시다.

**PART 15-2**

A: 어서 오세요. 무엇을 도와드릴까요?

B: 핸드폰이 자꾸 꺼져서요.

A: 혹시 1)_____ 물에 2)_____ 있나요?

B: 아니요, 그런 적은 없어요. 며칠 전에 핸드폰이 갑자기 워지더니 그냥 꺼지더라고요. 다시 켜지기는 하는데

**250** PART 15

---

A: 어젯밤에 막혀서 사용을 못하고 있어요. 그런데 이번이 처음이 아니에요.

B: 그래요? 자주 막히나요?

A: 네, 한 달 전부터 그랬는데, 고쳐도 계속 같은 문제가 생기네요. 이번이 벌써 네 번째예요.

B: 저런, 많이 불편하셨겠네요.

A: 확실히 고쳐 주시거나 방을 2)_____ 주셨으면 좋겠어요.

B: 네, 수리 기사에게 꼭 3)_____하겠습니다. 만약에 이번에 4)_____하고 또 같은 문제가 생기면 그때는 방도 바꿔 드릴게요.

**정답**

| PART 15-1 | PART 15-2 | PART 15-3 | PART 15-4 |
|---|---|---|---|
| 1) 고장 | 1) 떨어뜨리시거나 | 1) 불편하셨겠네요 | 1) 변기 |
| 2) 전원 | 2) 빠트리신 | 2) 냄새 | 2) 바퀴 |
| 3) 산 지 | 3) 물면 사람 | 3) 점검 | 3) 전달 |
| | | 4) 냄새 | 4) 수리 |
| | | 5) 방문 | |
| | | 6) 비어 | |

찰떡 한국어 필수 회화 **253**

**❼ 정답**

대화문의 중요 표현을 채운 후 바로 정답을 확인해 보세요. 공부한 중요 표현들을 한눈에 볼 수 있어요.

**STEP 4** 응용 대화문과 찰떡TIP으로 회화 실력을 더 높여 보세요.

## ❽ 응용 대화문으로 회화 실력 높이기

기본 대화문을 잘 학습하고 나서 같은 주제, 다른 내용의 응용 대화문을 통해 회화 실력을 더 높여 보세요.

## ❾ 말랑말랑 찰떡TIP!

한국어를 배우면서 느끼게 되는 궁금증을 모아 두었습니다. PART를 마무리하며 궁금증을 해소해 보세요.

# CONTENTS
# 이 책의 차례

**MP3 다운로드 경로 안내**
www.sdedu.co.kr 접속 ➜ 학습 자료실 클릭 ➜ MP3 클릭 ➜
'배워서 바로 써먹는 찰떡 한국어 필수 회화' 검색

# PART
# 01 🔊 MP3 01

# 길 찾기

**1** 시대 병원에 가려고 하는데 어떻게 가면 될까요?

**2** 걸어가기에는 좀 멀 텐데.

**3** 지도를 이렇게 돌려서 보시면 좋을 것 같아요.

**4** 그 약국 끼고 돌아서 골목으로 들어와.

## 알아 두면 쓸모 있는 한국 문화

[모르는 곳에 갈 때는 지도 어플리케이션을 켜세요]

길을 찾을 때 가장 쉬운 방법은 스마트폰 어플리케이션(=앱)을 사용하는 것입니다. 한국 사람들이 자주 사용하는 지도 어플리케이션을 이용하면 쉽게 원하는 장소에 갈 수 있습니다. 그러나 아주 가끔 스마트폰 어플리케이션을 사용하는 것보다 지나가는 사람에게 물어보는 게 더 편리할 때가 있습니다. 그런 경우에도 먼저 스마트폰 지도(앱)를 켜고 상대방에게 지도와 목적지를 보여 주면서 물어보는 것이 좋습니다. 목적지를 더 정확하게 전달할 수 있고, 상대방이 나에게 설명하기도 편리하니까요. 만약 한국에서 길을 잃어버리면 당황하지 말고 가까운 경찰서나 파출소에 가서 경찰에게 도움을 요청하세요. 경찰이 아주 친절하게 길을 가르쳐 줄 겁니다.

- 사거리가 나올 때까지 직진하시고요.

- 거기에서 한 번 더 물어보시는 게 나을 것 같아요.

- 걸어가기에는 좀 멀 텐데.

- 오른쪽으로 꺾으면 우체국 간판이 보일 거예요.

- 마침 저도 그쪽으로 가는 중이에요.

- 나 지금 편의점 지나고 있어.

- 그 약국 끼고 돌아서 골목으로 들어와.

# 1

## 시대 병원에 가려고 하는데 어떻게 가면 될까요?

**제니** 저, 죄송한데요. 시대 병원에 가려고 하는데, 어떻게 가면 될까요?
Excuse me, how do I get to Sidae hospital?

**행인** 시대 병원이요? 좀 복잡한데….
Oh, Sidae hospital? It's a bit complicated….

먼저 이쪽으로 쭉 가면 사거리가 나와요.
First, go straight this way until you see an intersection.

거기에서 오른쪽으로 가세요.
Go right there.

그리고 다시 사거리가 나올 때까지 계속 직진하시고요. 거기에서 한 번 더 물어보시는 게 나을 것 같아요.
Then go straight until you reach the next intersection, I think it would be best to ask again from there.

**제니** 네, 고맙습니다.
Thank you.

**talk talk 단어 · 표현**
- 낫다: ① 회복하다,
  ② 좋다(두 가지 중에서 더 좋다). 여기에서는 ②의 뜻

**문법 check!**
- A/V + -ㄴ/는 것, -ㄹ/을 것 같다: 추측, 불확실한 단정을 나타내는 말

**유토** ▸ 저기요, 혹시 이 근처에 우체국이 있나요?
Excuse me, is there a post office near here?

**행인** ▸ 우체국이 있긴 있어요. 그런데 걸어가기에는 좀 멀 텐데.
Yes, there is. But it's a bit too far to walk.

**유토** ▸ 괜찮아요. 천천히 걸어가 볼게요.
That's okay, I want to walk.

**행인** ▸ 뭐, 젊은 사람은 걸어갈 만해요.
Well, I guess young people are fitter.

이쪽으로 쭉 직진하면 강남역이 나오는데, 강남역에서 계속 똑바로 가면 역삼역이 나와요.
If you go straight this way, you will find Gangnam Station, if you keep going straight from Gangnam Station, you will come to Yeoksam Station.

거기에서 오른쪽으로 꺾으면 우체국 간판이 보일 거예요.
From there, turn right and you will see the post office sign.

한 15분, 20분 정도 걸릴 거예요.
It will take 15 or 20 minutes.

**유토** ▸ 네, 고맙습니다.
I understand. Thank you.

# 2

## 걸어가기에는 좀 멀 텐데.

**문법 check!**

- V + -(으)ㄹ 텐데:
① 추측을 나타내는 말, ② 아쉬움(후회)을 나타내는 말. 여기서는 ①의 뜻

- V + -(으)ㄹ 만하다:
① 가치가 있음을 나타내는 말. '~(으)면 좋다'는 의미, ② 앞의 행동이 가능함을 나타내는 말, ③ 다른 사람의 행동을 이해할 수 있다는 말. 여기서는 ②의 뜻

**talk talk 단어 · 표현**

- (시간이) 걸리다 / (돈이) 들다: 어떤 일을 하는 데 시간이나 돈이 필요한 경우, 시간은 걸리다라고 하고, 돈은 들다라고 한다.

# 3

## 지도를 이렇게 돌려서 보시면 좋을 것 같아요.

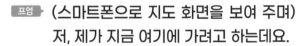

**프엉** (스마트폰으로 지도 화면을 보여 주며) 저, 제가 지금 여기에 가려고 하는데요.
Excuse me, I'm trying to go here.

**행인** (스마트폰을 보며) 아, 잠시만요. 시대 카페 골목으로 들어가면 되겠네요.
Oh, wait a minute. I guess you should go into the alley by Sidae cafe.

**프엉** 어? 제가 방금 시대 카페를 지나온 것 같은데요?
I think I just passed Sidae cafe?

**행인** 그래요? 지도를 이렇게 돌려서 보시면 좋을 것 같아요.
Oh yeah? Then you should turn the map, and look at it from the opposite direction.

지금 왔던 방향으로 다시 돌아가서 시대 카페 골목으로 들어가세요.
Then you can go back in the direction you came from and then enter the alley by Sidae cafe.

**프엉** 그렇군요. 지도를 거꾸로 들고 봐서 헷갈렸네요.
I see. I was confused because I was looking at the map upside down.

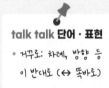

**talk talk 단어·표현**
● 거꾸로: 차례, 방향 등이 반대로 (↔ 똑바로)

**행인** 마침 저도 그쪽으로 가는 중이니까 같이 가도 되고요.

By the way, I'm on my way there too, we can go together.

시대 카페 앞에서 다시 한번 설명해 드릴게요.

I'll explain it again in front of Sidae cafe.

**프엉** 아, 고맙습니다.

Oh, thank you.

# 4

## 그 약국 끼고 돌아서 골목 으로 들어와.

**talk talk 단어 · 표현**

• 반대: ① 성격이나 방향 등이 전혀 다름, ② 행동이나 의견에 따르지 않음. 여기서는 ①의 뜻

• 편의점: 24시간 문을 여는 가게

**문법 check!**

• V + -아/어 보다: ① 어떤 행동을 시험삼아 함, ② 어떤 일을 경험함. 여기서는 ①의 뜻

 지영, 나 지금 버스에서 내렸어.

Jiyeong, I just got off the bus.

### 시대 초등학교 앞에서 내리는 거 맞지?

I should get off in front of a Sidae elementary school, right?

 응, 맞아. 이제 네가 타고 온 버스가 가는 방향 말고, 반대 방향으로 40m 정도 내려와 봐. 전화는 끊지 말고.

That's right. Now, go down about 40m in the opposite direction to the bus, stay on the line.

### 나 지금 편의점 지나고 있어.

I'm passing a convenience store right now.

### 아, 맞게 오고 있어.

You're going the right way.

### 편의점 지나면 꽃집이 있을 거야.

After the convenience store, there will be a flower shop.

### 혹시 앞에 약국 보여?

Can you see the pharmacy in front?

### 아, 약국 보여.

Oh, I can see the pharmacy.

**지영** ▶ 좋아. 이제 그 약국 끼고 돌아서 골목으로 들어와.
Okay, now turn down the side of the pharmacy into the alley.

두 번째 골목에서 왼쪽으로 오면 되는데….
It's on the left at the second alley….

음…. 헷갈리겠다.
I guess it's confusing.

그냥 내가 지금 나갈게. 중간에서 만나자.
I'll leave now, let's meet in the middle.

**케빈** ▶ 아니야, 내가 찾아가 볼게. 그게 왠지 재미있을 것 같아.
Oh no, that's okay, I'll look for it, I think it's kind of fun.

**지영** ▶ 그래? 그럼 그렇게 해.
Oh, you do? Okay then.

**talk talk 단어 · 표현**
● 꺾다: 방향을 바꾸다.

두 번째 골목에서 왼쪽으로 꺾으면 시대 아파트가 보일 거야.
Turn left at the second alley and you will see Sidae apartment.

106동 402호로 오면 돼.
You should go to Building 106, Room 402.

**PART 01-1**

A: 저, 죄송한데요. 시대 병원에 가려고 하는데, 어떻게 가면 될까요?

B: 시대 병원이요? 좀 복잡한데…. 먼저 이쪽으로 쭉 가면 1)_____가 나와요. 거기에서 2)_____으로 가세요. 그리고 다시 사거리가 나올 때까지 계속 3)_____하시고요, 거기에서 한 번 더 물어보시는 게 4)_____것 같아요.

A: 네, 고맙습니다.


**PART 01-2**

A: 저기요, 혹시 이 1)_____에 우체국이 있나요?

B: 2)_____이 있긴 있어요. 그런데 걸어가기에는 좀 3)_____.

A: 괜찮아요. 천천히 걸어가 볼게요.

B: 뭐, 젊은 사람은 4)_____. 이쪽으로 쭉 직진하면 강남역이 나오는데, 강남역에서 계속 5)_____가 면 역삼역이 나와요. 거기에서 오른쪽으로 꺾으면 우체국

6) _____이 보일 거예요. 한 15분, 20분 정도 걸릴 거예요.

A: 네, 고맙습니다.


PART 01-3

A: (스마트폰으로 지도 화면을 보여 주며) 저, 제가 지금 여기에 가려고 하는데요.

B: (스마트폰을 보며) 아, 잠시만요. 시대 카페 골목으로 들어가면 되겠네요.

A: 어? 제가 1) _____ 시대 카페를 지나온 것 같은데요?

B: 그래요? 2) _____를 이렇게 돌려서 보시면 좋을 것 같아요. 지금 왔던 3) _____으로 다시 돌아가서 시대 카페 4) _____으로 들어가세요.

A: 그렇군요. 지도를 5) _____ 들고 봐서 헷갈렸네요.

B: 6) _____ 저도 그쪽으로 가는 중이니까 같이 가도 되고요. 시대 카페 앞에서 다시 한번 설명해 드릴게요.

A: 아, 고맙습니다.

**PART 01-4**

A: 지영, 나 지금 버스에서 내렸어. 시대 초등학교 앞에서 내리는 거 맞지?

B: 응, 맞아. 이제 네가 타고 온 1)_____가 가는 방향 말고, 2)_____으로 40m 정도 내려와 봐. 전화는 끊지 말고.

A: 나 지금 3)_____ 지나고 있어.

B: 아, 맞게 오고 있어. 편의점 지나면 꽃집이 있을 거야. 혹시 앞에 약국 보여?

A: 아, 약국 보여.

B: 좋아. 이제 그 약국 4)_____ 골목으로 들어와. 두 번째 골목에서 왼쪽으로 오면 되는데…. 음…. 헷갈리겠다. 그냥 내가 지금 나갈게. 중간에서 만나자.

A: 아니야, 내가 찾아가 볼게. 그게 왠지 재미있을 것 같아.

B: 그래? 그럼 그렇게 해. 두 번째 골목에서 5)_____으로 꺾으면 시대 아파트가 보일 거야. 106동 402호로 오면 돼.

**정답**

| PART 01-1 | PART 01-2 | PART 01-3 | PART 01-4 |
|---|---|---|---|
| 1) 사거리 | 1) 근처 | 1) 방금 | 1) 버스 |
| 2) 오른쪽 | 2) 우체국 | 2) 지도 | 2) 반대 방향 |
| 3) 직진 | 3) 멀 텐데 | 3) 방향 | 3) 편의점 |
| 4) 나을 | 4) 걸어갈 만해요 | 4) 골목 | 4) 끼고 돌아서 |
|  | 5) 똑바로 | 5) 거꾸로 | 5) 왼쪽 |
|  | 6) 간판 | 6) 마침 |  |

한국에서 생활하며 들을 수 있는, 알아 두면 쓸모 있는 표현들로 회화 실력 UP!

유토야. 넌 학교 올 때 버스 타고 와?

아니, 걸어서 와.
버스로 세 정거장인데, 걸어가기에는 좀 멀고,
버스 타기도 좀 애매하고 그래.
차가 막히는 시간에는 오히려 걷는 게 더 빠를 때도 있고.

와, 그 정도면 꽤 오래 걸리겠다. 30분쯤 걸리지 않아?

처음에는 그쯤 걸렸는데 요즘은 20분 정도밖에 안 걸려.
지름길을 찾았거든.
골목길을 지나야 해서 처음에는 헤맸는데 적응되니까 괜찮더라고.

진짜? 지름길은 어떻게 찾았어?

왠지 돌아서 가는 느낌이 들어서 핸드폰 지도 어플 켜고 연구 좀 했지.

정말 대단하다. 인간 내비게이션이라고 불러야겠네.

그 정도는 아니야.
너도 걸어서 다닐 생각이 있으면 말해. 내가 지름길 찾아 줄게.

---

**실력 UP!** 단어 · 표현 알아보기 ·····

★ 애매하다: 확실하지 않다. 여기서는 어떻게 해야 할지 모르겠다는 뜻
★ 지름길: 가장 짧은 길
★ 골목길: 좁은 길
★ 내비게이션(navigation): 지도를 보이거나 지름길을 찾아 주는 장치나 프로그램

**방향을 알려 줄 때는 "○○을/를 바라보고 섰을 때 오른쪽/왼쪽으로 가세요!"**

모르는 사람에게 길을 물어본 경험이 있을 것입니다. 하지만 종종 헷갈리지 않나요? 예를 들어, "약국에서 오른쪽으로 가세요."라는 말을 들었을 때는 어디를 기준으로 오른쪽이라는 것인지 확실하게 알기 어려울 때가 있습니다. 그래서 다른 사람에게 길을 설명해줄 때는 "○○을/를 바라보고 섰을 때 오른쪽/왼쪽으로 가세요."라고 알려 주면 더욱 좋겠죠? 또는 다른 사람에게 길을 물어보았을 때 확실한 답을 듣고 싶다면 "○○을/를 보고 서서 오른쪽/왼쪽인가요?"라고 다시 한번 물어보는 것도 좋은 방법이랍니다.

 **길을 물어보거나 모르는 사람에게 도움을 요청할 때 쓰는 말,
"저, 죄송한데요~"와 "저기요~"**

여러분은 한국어 수업 시간에 길을 물어보거나 모르는 사람에게 도움을 요청할 때 어떻게 말해야 하는지 배웠나요? 혹시 "실례합니다. 말씀 좀 묻겠습니다."라고 해야 한다고 배웠나요? 물론 이렇게 말하는 것도 맞아요! 하지만 실제로 한국 사람들은 이럴 때 조금다르게 말한답니다. "저, 죄송한데요~" 또는 "저기요~"라고 먼저 말을 걸고 부탁하는말을 하는 경우가 많습니다. 예를 들면 이렇게요. "저, 죄송한데요~ 여기서 ○○까지 가려면 어디로 가면 되나요?"라고 말하며 길을 물어볼 수 있어요. 또는 "저기요~ 이 근처에 지하철역이 있나요?"라고 할 수 있어요.

 **길을 알려 줄 때 쓸 수 있는 표현들을 알아보아요!**

- "길을 따라 쭉 가다가(= 직진하다가) 왼쪽으로 꺾으면(= 좌회전하면) 오른쪽에 은행(①)이 있어요."
- "길을 따라 쭉 가다가 오른쪽으로 꺾으면(= 우회전하면) 왼쪽에 카페(②)가 있어요."
- "은행(①) 맞은편에는(= 건너편에는) 병원(③)이 있어요."
- "카페(②)와 학교(④)가 마주 보고 있어요."

# PART
# 02 🔊 MP3 02

# 대중교통 이용하기

**1** 택시를 타는 게 어때요?

**2** 지하철을 잘 타고 싶어요.

**3** 표지판을 보고 따라가세요.

**4** 편의점에서도 교통카드를 충전할 수 있어.

## 알아 두면 쓸모 있는 한국 문화

[대중교통을 이용할 때는 교통카드를 사용하세요.]
한국에서 대중교통을 이용할 때 교통카드를 사용하면 할인 혜택을 받을 수 있습니다. 또한 교통 카드를 이용하면서 30분 이내(21~7시는 60분 이내)에 갈아타면 무료로 환승이 가능합니다. 환 승은 네 번까지(다섯 번째 차까지) 할 수 있습니다. 환승 횟수에 상관없이 교통비는 이동 거리로 계산됩니다. 10km까지는 추가 비용이 없고, 10km부터 5km마다 100원씩 추가됩니다.

- 갈아타야 해서 시간이 많이 걸릴 텐데.

- 출퇴근 시간에 버스나 택시를 타면 정말 끔찍하거든요.

- 지금도 가끔 반대 방향으로 탄다니까요.

- 모르면 물어보는 수밖에 없는 것 같아요.

- 어느 방향으로 가세요?

- 표지판을 보고 따라가시면 돼요.

- 충전하지 않아도 되니까 편리하겠다.

- 편의점에서도 충전할 수 있어?

# 1

## 택시를 타는 게 어때요?

### talk talk 단어 · 표현

* 늦다: 정해진 때보다 지나다.
* 막히다: 길, 통로 등이 통하지 못하게 되다.
* 갈아타다: 타고 있던 것에서 내려 다른 것으로 바꾸어 타다. (= 환승하다)
* 출퇴근: 출근과 퇴근

### 문법 check!

* A/V + -(으)ㄹ 거예요: 추측을 나타내는 말 (≒ A/V + -겠-)

케빈 ▶ **좀 늦었는데 택시를 탈까요?**
We're a little late. Shall we take a taxi?

지영 ▶ **아니요, 지금 택시를 타면 길이 막혀서 오히려 더 늦을 것 같아요.**
No, the traffic is too heavy, if we take a taxi now, we will be even later.

**지하철이 제일 빠를 거예요.**
The subway will be the fastest.

케빈 ▶ **지하철로 가면 한 번 갈아타야 해서 시간이 많이 걸릴 텐데….**
If we go by subway, it will take a lot of time because we have to change stations….

지영 ▶ **그래도 지하철이 더 나아요.**
The subway is definitely better though.

**출퇴근 시간에 버스나 택시를 타면 정말 끔찍하거든요.**
Taking a bus or taxi during rush hour is awful.

**제니** ▶ 유빈 씨, 지하철을 잘 타려면 어떻게 해야 해요?

Yubin, how do I take the subway?

**유빈** ▶ 음…. 지하철이 와서 문이 열리면 그때 타면 되지요.

Well…. When the subway train comes and the door opens, you get on it.

**제니** ▶ 아니, 장난하지 말고요.

Don't kid around.

벌써 한국에서 산 지 1년이 넘었는데 아직도 지하철을 갈아타는 게 너무 어려워요.

I've lived in Korea for over a year and it's still really difficult to change trains.

지금도 가끔 반대 방향으로 탄다니까요.

I still sometimes ride in the wrong direction.

**유빈** ▶ 너무 심각하게 생각하지 마세요.

Don't take it too seriously.

한국 사람들도 자기가 자주 가는 곳이 아니면 갈아탈 때 좀 긴장해요.

Koreans are also a little nervous when they change trains, especially if they are going somewhere new.

잘못 타기도 하고요.

They might ride the wrong way too.

# 2

# 지하철을 잘 타고 싶어요.

**talk talk 단어 · 표현**

- 장난하다: 재미로 하는 행동을 하다.
- 심각하다: 상태나 정도가 매우 중요하고 크다.
- 긴장(하다): 편안하지 않은 상태로 마음을 풀지 않고 정신을 바짝 차리다.

**문법 check!**

- A/V + -다니까요: 자기가 하는 말을 강조할 때 쓰는 표현

**문법 check!**

- V + -는 수밖에 없다: 다른 방법이 없다는 것을 나타내는 표현
- A/V + -(으)니: ① 앞말이 뒷말의 이유가 됨을 나타내는 말, ② 어떤 사실을 먼저 말하고 관련 있는 다른 사실을 이어서 설명할 때 쓰는 말. 여기서는 ①의 뜻

많이 타 보고 모르면 물어보는 수밖에 없는 것 같아요.

It will get easier with time and if you get stuck you have no choice but to ask somebody.

제니 ▶ 고마워요. 그 말을 들으니 좀 힘이 나네요.

Thank you. That makes me feel better.

유빈 ▶ 아, 지하철을 타러 갔다가 새로운 사람에게 물어보는 것도 좋겠어요.

It could even be a good way to meet new people.

**프엉** 저기요, 제가 3호선을 타려고 하는데 어디로 가야 돼요?

Excuse me, I want to take Line 3. Where should I go?

**행인** 3호선 어느 방향으로 가세요?

Which direction are you going on Line 3?

## 표지판을 보고 따라가세요.

경복궁 쪽으로 가세요, 교대 쪽으로 가세요?

Are you going to Gyeongbokgung Palace or to Gyodae?

**📌**

**talk talk 단어 · 표현**

**프엉** 네?

Pardon?

• [숫자] + 호선: 지하철의 길을 부르는 말. 호선에 따라 다른 방향으로 갈 수 있으며, 다른 호선으로 갈아탈 수도 있다.

**행인** 무슨 역으로 가시는 거예요?

What station are you going to?

**프엉** 저는 인사동에 가려고 해요.

I'm going to Insa-dong.

**행인** 인사동에 가실 거면 안국역으로 가시면 돼요.

If you are going to Insa-dong, you can go to Anguk Station.

**📌**

**문법 check!**

저기 대화, 구파발이라고 쓰여 있는 표지판을 보고 따라가시면 돼요.

You see the sign that says Daehwa, Gupabal over there? follow it.

• V + -아/어 있다: 앞말이 나타내는 상태가 계속되는 것을 나타내는 표현

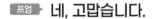 네, 고맙습니다.

I see it, thank you.

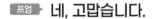 지하철을 타기 전에 다른 사람에게 꼭 한 번 더 물어보세요.

Be sure to check with someone else that it's the right train before getting on.

인사동 구경 잘 하시고요.

Enjoy your visit to Insa-dong.

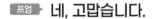 네, 그럴게요. 정말 고맙습니다.

I will. Thank you very much.

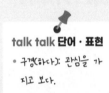

**talk talk 단어 · 표현**

• 구경(하다): 관심을 가
지고 보다.

**유토** 어제 버스를 탔는데, 교통카드에 돈이 없어서 현금을 내고 탔어. 너무 불편하더라.

I got on the bus yesterday, but I didn't have any money on my transportation card, I had to pay in cash and It was so uncomfortable.

**수빈** "잔액이 부족합니다."라고 하는 걸 들었겠네.

You probably heard it say, "You don't have enough funds."

나는 그거 들은 지 좀 오래되었는데.

It's been awhile since I've heard that.

**유토** 수빈이 너는 미리미리 충전하는구나?

Subin, do you charge your transportation card in advance?

**수빈** 아니, 난 신용카드를 써.

No, I use a credit card.

후불 교통카드 기능이 있거든.

There is a postpaid transportation card function.

**유토** 그러면 충전하지 않아도 되니까 편리하겠다.

That sounds convenient because I wouldn't need to charge it.

# 편의점에서도 교통카드를 충전할 수 있어.

**문법 check!**

- A/V + -더라(고요): 과거의 일을 회상하거나 생각하면서 말할 때 쓰는 표현
- A/V + -거든요: 이유를 나타낼 때 쓰는 표현

**talk talk 단어 · 표현**

- 현금: ① 지폐와 동전, ② 빌리거나 나눠 갚지 않고 바로 물건을 살 수 있는 돈. 여기서는 ①의 뜻
- 잔액: 남아 있거나 들어 있는 돈
- 충전(하다): 메워서 채우다.
- 후불: 물건이나 서비스를 먼저 받고 나중에 돈을 내는 것 (↔ 선불: 물건이나 서비스를 받기 전에 돈을 내는 것)

수빈▶ **맞아. 잊어버리기 전에 교통카드 충전부터 하자.**

Right. Before you forget let's charge your transportation card.

**해 본 적 있지?**

Have you ever done it before?

**저기 편의점에서 하면 될 거야.**

You can do it at the convenience store over there.

유토▶ **어? 편의점에서도 충전할 수 있어?**

Really? I can charge at convenience stores?

**난 그동안 지하철역에서만 했는데.**

I've only done it at the subway station.

수빈▶ **몰랐구나. 편의점 가서 "얼마 충전해 주세요."라고 하면 바로 충전해 줘.**

Didn't you know? When you go to a convenience store just say, "Please charge it for a certain amount," then they will charge it right away.

유토▶ **지금 해 봐야겠다. 오늘도 새로운 한국 생활 경험을 하겠네!**

I'll try it now. I get to do something new in Korea today!

수빈▶ **떨지 말고 잘해.**

Don't be scared, you've got this.

**PART 02-1**

A: 좀 늦었는데 택시를 탈까요?

B: 아니요, 지금 택시를 타면 1)＿＿＿＿＿＿＿＿＿＿
오히려 더 늦을 것 같아요. 지하철이 제일 2)＿＿＿＿＿＿
＿＿＿＿＿.

A: 지하철로 가면 한 번 3)＿＿＿＿＿＿＿＿ 해서 시간
이 많이 걸릴 텐데….

B: 그래도 지하철이 더 나아요. 4)＿＿＿＿＿＿ 시간에
버스나 택시를 타면 정말 끔찍하거든요.

**PART 02-2**

A: 유빈 씨, 지하철을 잘 타려면 어떻게 해야 해요?

B: 음…. 지하철이 와서 문이 열리면 그때 타면 되지요.

A: 아니, 1)＿＿＿＿＿ 하지 말고요. 벌써 한국에서 산 지 1년
이 넘었는데 2)＿＿＿＿＿＿＿ 지하철을 길아타는 게
너무 어려워요. 지금도 가끔 반대 방향으로 3)＿＿＿＿＿
＿＿＿＿＿.

B: 너무 심각하게 생각하지 마세요. 한국 사람들도 자기가 자주 가는 곳이 아니면 갈아탈 때 좀 4)_____해요. 잘못 타기도 하고요. 많이 타 보고 모르면 물어보는 수밖에 없는 것 같아요.

A: 고마워요. 그 말을 들으니 좀 힘이 나네요.

B: 아, 지하철을 타러 갔다가 새로운 사람에게 물어보는 것도 좋겠어요.


**PART 02-3**

A: 저기요, 제가 3호선을 타려고 하는데 어디로 가야 돼요?

B: 3호선 1)_____으로 가세요? 경복궁 쪽으로 가세요, 교대 쪽으로 가세요?

A: 네?

B: 무슨 역으로 가시는 거예요?

A: 저는 인사동에 가려고 해요.

B: 인사동에 가실 거면 안국역으로 가시면 돼요. 저기 대화, 구파발이라고 2)_____ 표지판을 보고 따라가시면 돼요.

A: 네, 고맙습니다.

B: 지하철을 타기 전에 다른 사람에게 꼭 한 번 더 물어보세요.
인사동 3)_____ 잘 하시고요.

A: 네, 그럴게요. 정말 고맙습니다.


**PART 02-4**

A: 어제 버스를 탔는데, 교통카드에 돈이 없어서 1)_____
을 내고 탔어. 너무 불편하더라.

B: "2)_____이 부족합니다."라고 하는 걸 들었겠네. 나
는 그거 들은 지 좀 오래되었는데.

A: 수빈이 너는 미리미리 3)_____하는구나?

B: 아니, 난 신용카드를 써. 4)_____ 교통카드 기능이
5)_____.

A: 그러면 충전하지 않아도 되니까 편리하겠다.

B: 맞아. 6)_____ 전에 교통카드 충전부터 하자.
해 본 적 있지? 저기 편의점에시 하면 될 거야.

A: 어? 편의점에서도 충전할 수 있어? 난 그동안 지하철역에서
만 했는데.

B: 몰랐구나. 편의점 가서 "얼마 충전해 주세요."라고 하면 바로 충전해 줘.

A: 지금 해 봐야겠다. 오늘도 새로운 한국 생활 7)_____ 을 하겠네!

B: 8)_____ 말고 잘해.

**정답**

| PART 02-1 | PART 02-2 | PART 02-3 | PART 02-4 |
|---|---|---|---|
| 1) 길이 막혀서 | 1) 장난 | 1) 어느 방향 | 1) 현금 |
| 2) 빠를 거예요 | 2) 아직도 | 2) 쓰여 있는 | 2) 잔액 |
| 3) 갈아타야 | 3) 탄다니까요 | 3) 구경 | 3) 충전 |
| 4) 출퇴근 | 4) 긴장 | | 4) 후불 |
| | | | 5) 있거든 |
| | | | 6) 잊어버리기 |
| | | | 7) 경험 |
| | | | 8) 떨지 |

**26** PART 02

한국에서 생활하며 들을 수 있는, 알아 두면 쓸모 있는 표현들로 회화 실력 UP!

어디로 모실까요?

신촌요.

신촌 어디요?

아, 신촌 시대 대학 병원에서 좀 더 가면 되는데요, 그 근처 가서 제가 다시 설명해 드릴게요.

네, 그럼 우선 시대 대학 병원 쪽으로 갈게요.

네, 그렇게 해 주세요. 기사님, 저 앞에서 유턴해서 바로 좌회전해 주시겠어요?

알겠습니다.

좌회전한 다음에 한 블록만 가서 신호등 앞에 내려 주시면 돼요.

네, 그런데 외국인인 것 같은데 설명을 한국말로 똑 부러지게 잘하네요.

감사합니다. 자주 와 봐서 설명하는 게 좀 익숙해졌어요.

**실력 UP!** 단어 · 표현 알아보기 ·············

★ 유턴(U-turn): 가는 방향을 반대로 바꾸는 것
★ 똑 부러지다(딱 부러지다): 말이나 행동이 분명한 모양

### "-다니까요!"라고 말할 때는 조심해야 해요!

'A/V + −다니까요'는 자기가 하는 말을 강조할 때 사용하는 표현입니다. 예를 들어 "저는 커피를 많이 마셔요. 하루에 세 잔씩 마셔요."라고 말할 때 '하루에 세 잔씩 마시다'를 강조하고 싶으면 "하루에 세 잔씩 마신다니까요."라고 말할 수 있습니다. 또, "그 친구는 한국어를 정말 잘해요. 정말 한국 사람처럼 말해요."라고 말할 때 뒤의 말을 강조하고 싶으면 "정말 한국 사람처럼 말한다니까요."라고 하면 됩니다.

그럼, '알았습니다'를 강조하고 싶으면 "알았다니까요."라고 말하면 될까요? 아니요. 그렇게 말하면 안 됩니다. 왜냐하면 "알았다니까요."는 '알았다'를 강조하는 것이 아니라 '알고 있으니까 그만 말하세요!'라는 느낌을 주기 때문입니다. 예를 들어서 엄마가 청소 좀 하라고 여러 번 반복해서 말하면 딸이나 아들이 짜증을 내면서 "알았다니까요. 잔소리 좀 그만 하세요." 이렇게 말하곤 하지요.

┌─ 메모 ─

# PART
# 03

🔊 MP3 03

# 핸드폰 개통하기

**1** 전화번호 좀 가르쳐 주세요.

**2** 전화기로 전화를 할 수 있게 되겠네요.

**3** 제가 어떻게 개통하는지 알아볼게요.

**4** 핸드폰과 여권이 있어야 해요.

---

**알아 두면 쓸모 있는 한국 문화**

[핸드폰을 개통하고 싶어요.]

외국인이 한국에서 핸드폰(= 휴대폰, 휴대전화)을 사용하려면 한국 통신사에서 핸드폰 개통을 해야 합니다. 핸드폰을 개통하는 방법은 한국에서 얼마나 머무르느냐에 따라서 달라질 수 있습니다. 보통 한국 사람들은 통신사에서 핸드폰 개통을 할 때 '얼마 동안 이 핸드폰을 사용하겠습니다.'라는 약속을 하는데, 그것을 '약정'이라고 합니다. 만약 외국인이 한국에 와서 1년 이상 한국에 살기로 했으면 이런 일반적인 방식으로 핸드폰을 개통하고 후불로 요금을 내면 됩니다. 그러나 1년보다 짧은 기간만 한국에 있으면 유심칩을 사용해서 선불 요금제로 개통을 해야 합니다.

- 전화번호 좀 가르쳐 주세요.

- 케빈 씨도 카카오톡을 쓰세요?

- 아직 전화번호는 없고, 카톡은 쓰고 있어요.

- 엄청 복잡할 것 같아요.

- 핸드폰(= 휴대폰, 휴대전화) 개통하고 싶다고 했지요?

- 저는 빠를수록 좋아요.

- 유빈 씨가 하라는 대로 할게요.

# 전화번호 좀 가르쳐 주세요.

### talk talk 단어 · 표현

- 전화번호: 전화기마다 다르게 정해진 번호
- 연락(하다): 통신 수단을 써서 대화하다.

### 문법 check!

- N + 보다: 두 개 이상을 비교할 때 비교하는 대상을 나타내는 표현

케빈▶ 수빈 씨, 수빈 씨 전화번호 좀 가르쳐 주세요.

Subin, can I get your phone number?

수빈▶ 제 번호는 010-1234-5678이에요. 케빈 씨는요?

Yes, my number is 010-1234-5678. How about you, kevin?

케빈▶ 잠시만요. 제가 수빈 씨에게 전화할게요.

Wait. I'll call you.

수빈▶ 아, 전화 왔어요.

I got the call.

케빈 씨도 카카오톡을 쓰세요?

Do you also use Kakao Talk?

케빈▶ 그럼요. 저는 전화보다 카톡으로 자주 사람들과 연락해요.

Sure. I use Kakao Talk more than my phone to contact people.

인스타그램 디엠도 자주 쓰고요.

I also use Instagram DMs.

수빈▶ 네, 그럼 저도 케빈 씨한테는 카톡으로 연락할게요.

Okay, then I'll contact you through Kakao Talk.

**2**

# 전화기로
# 전화를 할 수
# 있게 되겠네요.

**유빈** 제니 씨, 제니 씨 번호 좀 주실래요?
Jenny, could you give me your number?

**제니** 핸드폰은 있는데 아직 전화번호는 없어요.
I have a cell phone, but I don't have a
phone number yet.

기숙사 전화번호를 알려 드릴게요.
I'll give you the dorm phone number.

**유빈** 그래요? 카카오톡 아이디는 있어요?
I see, do you have a Kakao Talk ID?

있으면 가르쳐 주실래요?
If yes, can I get it?

**제니** 네, 카톡은 쓰고 있어요.
Yes, I'm using Kakao Talk.

캐나다에서 쓰던 핸드폰을 가져왔거든요.
I brought my cell phone from Canada.

**유빈** 그런데 왜 개통을 안 했어요?
But why didn't you open it?

**제니** 안 한 게 아니라, 못 한 거예요.
It's not that I didn't want to, it's that I
couldn't.

어떻게 하는지 잘 몰라서요.
I don't know how to do it.

**talk talk 단어 · 표현**

- 아이디(ID): 인터넷을
  쓰는 사람을 나타내는
  이름
- 개통(하다): 전화, 길
  등을 연결하여 사용할
  수 있게 하다.

**문법 check!**

- A/V + -면: ① 불확
  실하거나 아직 이루어지
  지 않은 것을 사실인
  것처럼 생각할 때 쓰
  는 말, ② 뒤에 일어날
  일에 대한 조건을 말
  할 때 쓰는 말, ③
  그렇게 되기를 원하거
  나 그렇게 되지 않는
  것을 아쉬워할 때 쓰는
  말. 여기서는 ②의 뜻

## 엄청 복잡할 것 같아요.
I think it'll be really complicated.

**유빈** 조금 복잡하긴 하지만, 제가 도와줄게요.
It's a little complicated, but I'll help.

## 같이 한번 해 봅시다.
Let's try it together.

**제니** 정말 고마워요.
Thank you very much.

## 유빈 씨 덕분에 저도 전화기로 전화를 할 수 있게 되겠네요.
Thanks to you, I'll be able to make phone calls too.

**유빈** 전화기는 원래 전화하는 기계예요.
A phone is basically a calling machine.

## 제가 한번 알아볼게요.
I'll take a look.

**유빈** 제니 씨, 한국에서 핸드폰 개통을 하고 싶다고 했지요?

Jenny, did you say you want to open a cell phone contract while in Korea?

언제 시간 돼요?

When are you free?

**제니** 저는 빠를수록 좋아요.

The sooner the better.

유빈 씨만 괜찮으면 오늘도 좋고요.

If you're okay, I'm free today.

**유빈** 제니 씨는 한국에 얼마나 있을 거예요?

How long will you be in Korea, Jenny?

**제니** 네? 그건 왜요?

Sorry? Why the change of subject?

지금 핸드폰 이야기를 하고 있는데….

We're talking about my cell phone right now….

**유빈** 그래서 물어보는 거예요.

Yeah, that's why I'm asking.

**제니** 왜요? 핸드폰을 사는 거랑 한국에 얼마나 있을 건지가 무슨 상관이 있나요?

Oh? What does buying a cell phone have to do with how long I will be in Korea?

# 3

## 제가 어떻게 개통하는지 알아볼게요.

**문법 check!**

- A/V + -ㄹ수록: ① 앞에 나오는 일의 정도가 더해지는 것이 뒤에 나오는 일의 정도가 더하거나 덜하게 되는 것을 나타내는 말, ② 뒤의 내용이 앞의 내용을 통해 추측할 수 있는 것과 다른 말이 나올 때 사용. 여기에서는 ①의 뜻

**talk talk 단어 · 표현**

- 상관: 서로 관련을 가짐. 또는 그런 관계

**유빈** 음, 만약에 한국에 1년 이상 있을 거면 근처 대리점에 가면 되는데요,

Well, if you plan to stay in Korea for more than 1 years, you can just go to a local cell phone shop,

**1년보다 더 짧게 핸드폰을 사용할 거면 다른 방식으로 개통해야 하거든요.**

but if you plan to use your cell phone for less than 1 years, you will have to do something different.

**제니** 아, 그렇군요. 저는 한국에 1년만 있을 거예요.

I See. I will only be in Korea for a year.

**유빈** 그럼 제가 어떻게 개통하는지 알아볼게요.

Then I'll figure out how to open it.

**유빈** 제니 씨, 오늘 수업 끝나고 시간 괜찮아요?
Jenny, are you free after class today?

**제니** 네, 괜찮아요. 왜요? 무슨 일 있어요?
Yes, I'm free. why? What's going on?

**유빈** 지난번에 핸드폰 개통하고 싶다고 했지요? 그래서 제가 좀 알아봤는데요.
You said that you wanted to open a cell phone? I did some research.

제니 씨 시간 괜찮으면 오늘 같이 해 보면 좋을 것 같아서요.
If you have time, we could try together today?

**제니** 고마워요. 그렇게 해주세요. 제가 준비 해야 하는 게 많은가요?
Thank you. Please do. Do I need to prepare anything?

**유빈** 일단 지금 가지고 있는 핸드폰을 챙겨 오세요.
You will need to bring your cell phone.

충전은 되어 있지요?
Is it charged?

**제니** 네, 지금도 알람이랑 카메라로 쓰고 있거든요.
Yes, I'm using it as an alarm and camera now.

# 4

## 핸드폰과 여권이 있어야 해요.

**talk talk 단어 · 표현**
- 지난번: 말하는 때보다 이전의 때
- 준비: 앞으로 필요한 것을 미리 가짐.

찰떡 한국어 필수 회화 **37**

**유빈** ▶ 그리고 여권도 있어야 해요.

You must also bring your passport.

**여권이랑 제니 씨 얼굴이 같이 나오게 사진을 찍어야 하는데,**

You have to take a photo so that your passport and your face are together,

**그건 이따가 제가 찍어 드릴게요.**

I'll take it for you later.

**제니** ▶ 그럼 수업 끝나자마자 대리점에 같이 가는 거예요?

So, are we going to the cell phone shop as soon as class is over?

**유빈** ▶ 아니요, 대리점에 갈 필요는 없고요.

No, you don't need to go to the cell phone shop.

**편의점에서 유심칩을 사서 핸드폰에 꽂으면 돼요.**

You can just buy a USIM card at a convenience store and put it into your phone.

**그리고 개통해 주는 곳에 전화하고 사진을 보내면 된대요.**

Then you just have to call the service center and send them the photo.

**문법 check!**

• ∨ + -자마자: 앞의 행동에 이어 바로 다음 일이나 행동이 일어남을 나타내는 말

**talk talk 단어 · 표현**

• 유심칩(USIM card): 핸드폰에 꽂아 사용하는 개인 정보가 들어 있는 작은 카드

• 꽂다: 빠지지 않게 끼우다.

**제니** ▶ 뭔지는 잘 모르겠지만 그냥 유빈 씨가 하라는 대로 할게요.

I'm not sure how to do all of that but I'll do as you tell me.

**유빈** ▶ 그래요. 그러면 수업 끝나고 바로 기숙사에 가서 필요한 것들을 챙겨서 나오세요.

Okay. Then, go straight to the dormitory after class and get what you need.

어제 그 커피숍에서 만나요.

I'll see you at the coffee shop that we went to yesterday.

**제니** ▶ 좋아요. 한 15분쯤 걸릴 거예요. 이따 봐요.

Good. It will take about 15 minutes. See you later.

**문법 check!**

· V + -느/는 대로: ① 앞 내용과 똑같이 뒤의 내용을 할 때 쓰는 표현, ② 앞의 일이 끝나고 나서 바로 뒤의 일을 할 때 쓰는 표현 (≒ V + -자마자). 여기서는 ①의 뜻

**PART 03-1**

A: 수빈 씨, 수빈 씨 1)_____ 좀 가르쳐 주세요.

B: 제 번호는 010-1234-5678이에요. 케빈 씨는요?

A: 잠시만요. 제가 수빈 씨에게 전화할게요.

B: 아, 전화 왔어요. 케빈 씨도 카카오톡을 쓰세요?

A: 그럼요. 저는 2)_____ 카톡으로 자주 사람들과 연락해요. 인스타그램 디엠도 자주 쓰고요.

B: 네, 그럼 저도 케빈 씨한테는 카톡으로 3)_____할게요.


**PART 03-2**

A: 제니 씨, 제니 씨 번호 좀 주실래요?

B: 핸드폰은 있는데 아직 전화번호는 없어요. 기숙사 전화번호를 알려 드릴게요.

A: 그래요? 카카오톡 1)_____는 있어요? 있으면 가르쳐 주실래요?

B: 네, 카톡은 쓰고 있어요. 캐나다에서 쓰던 핸드폰을 가져왔거든요.

A: 그런데 왜 2)_____을 안 했어요?

B: 안 한 게 아니라, 못 한 거예요. 어떻게 하는지 잘 몰라서요.
  3)_____ 복잡할 것 같아요.

A: 조금 복잡하긴 하지만, 제가 도와줄게요. 같이 한번 해 봅시다.

B: 정말 고마워요. 유빈 씨 4)_____ 저도 전화
  기로 전화를 할 수 있게 되겠네요.

A: 전화기는 원래 전화하는 기계예요. 제가 한번 5)_____
  _____.


PART 03-3

A: 제니 씨, 한국에서 핸드폰 개통을 하고 싶다고 했지요? 언제
  시간 돼요?

B: 저는 1)_____ 좋아요. 유빈 씨만 괜
  찮으면 오늘도 좋고요.

A: 제니 씨는 한국에 얼마나 있을 거예요?

B: 네? 그건 왜요? 지금 핸드폰 이야기를 하고 있는데….

A: 그래서 물어보는 거예요.

B: 왜요? 핸드폰을 사는 거랑 한국에 얼마나 있을 건지가 무슨
2)_____이 있나요?

A: 음, 만약에 한국에 1년 이상 있을 거면 근처 3)_____
_____에 가면 되는데요, 1년보다 더 짧게 핸드폰을 사
용할 거면 다른 4)_____으로 개통해야 하거든요.

B: 아, 그렇군요. 저는 한국에 1년만 있을 거예요.

A: 그럼 제가 어떻게 개통하는지 알아볼게요.

**PART 03-4**

A: 제니 씨, 오늘 수업 끝나고 시간 괜찮아요?

B: 네, 괜찮아요. 왜요? 무슨 일 있어요?

A: 1)_____에 핸드폰 개통하고 싶다고 했지요? 그래서
제가 좀 알아봤는데요. 제니 씨 시간 괜찮으면 오늘 같이 해
보면 좋을 것 같아서요.

B: 고마워요. 그렇게 해주세요. 제가 2)_____해야 하는
게 많은가요?

A: 일단 지금 가지고 있는 핸드폰을 챙겨 오세요. 충전은 되어
있지요?

B: 네, 지금도 알람이랑 카메라로 쓰고 있거든요.

A: 그리고 여권도 있어야 해요. 여권이랑 제니 씨 얼굴이 같이 나오게 사진을 찍어야 하는데, 그건 이따가 제가 찍어 드릴 게요.

B: 그럼 수업 3) _____ 대리점에 같이 가는 거예요?

A: 아니요, 대리점에 갈 필요는 없고요. 편의점에서 4) _____ _____ 을 사서 핸드폰에 5) _____ 돼요. 그리고 개통해 주는 곳에 전화하고 사진을 보내면 된대요.

B: 뭔지는 잘 모르겠지만 그냥 유빈 씨가 하라는 6) _____ 할게요.

A: 그래요. 그러면 수업 끝나고 바로 기숙사에 가서 필요한 것들을 챙겨서 나오세요. 어제 그 커피숍에서 만나요.

B: 좋아요. 한 15분쯤 걸릴 거예요. 이따 봐요.

---

**정답**

| PART 03-1 | PART 03-2 | PART 03-3 | PART 03-4 |
|---|---|---|---|
| 1) 전화번호 | 1) 아이디 | 1) 빠를수록 | 1) 지닌빈 |
| 2) 전화보다 | 2) 개통 | 2) 상관 | 2) 준비 |
| 3) 연락 | 3) 엄청 | 3) 대리점 | 3) 끝나자마자 |
| | 4) 덕분에 | 4) 방식 | 4) 유심칩 |
| | 5) 알아볼게요 | | 5) 꽂으면 |
| | | | 6) 대로 |

한국에서 생활하며 들을 수 있는, 알아 두면 쓸모 있는 표현들로 회화 실력 UP!

케빈 씨, 케빈 씨는 항상 핸드폰을 보고 있네요.
너무 오랫동안 핸드폰을 보는 것 같아서 걱정돼요.

저도 그렇게 생각해요.
그래서 핸드폰을 안 보려고 노력하고 있는데 잘 안 되네요.

한국 사람들이 핸드폰을 사용하는 시간이 하루 평균 104분이라는
조사 결과가 있대요.
그런데 케빈 씨는 열 시간은 되는 것 같은데요?

맞아요. 친구들과 연락하고 SNS도 보고….
무엇보다 유튜브 보는 시간이 길어요. 정말 재미있는 게 많거든요.

핸드폰 없이 살 수 없는 세상이 되긴 했지만
적당히 조절하면서 사용하세요.

네, 그럴게요. 핸드폰에 시간을 너무 많이 빼앗기는 것 같긴 해요.

시간도 시간이지만 무엇보다 건강에 안 좋은 게 가장 큰 문제예요.
핸드폰을 너무 오래 쓰면 눈 건강, 목 건강에 정말 안 좋다고 해요.

네, 저도 들었어요.
건강은 건강할 때 지켜야 하니까 꼭 핸드폰 사용 시간을 줄여 볼게요.
제 생각해 주는 건 프엉 씨밖에 없네요. 정말 고마워요.

그런데 케빈 씨,
핸드폰을 덜 사용하더라도 저한테 연락은 자주 해야 돼요.
알았죠?

**실력 UP!** 단어 · 표현 알아보기 ·······························································································

★ 조절(하다): 적당하게 맞추다.
★ 빼앗기다: 가지고 있던 것을 잃게 되다.
★ 더(more): 어떤 것에 보태어, 심하게. 또는 어떤 기준 이상으로
★ 덜(less): 어떤 기준이나 정도가 약하게. 또는 그 이하로
★ N도 N(이)지만 무엇보다: N이 중요하지만 뒤에 나오는 말이 더 중요하다는 것을 나타내는 표현

## 카메라(camera), 알람(alarm)… 한국말은 없나요?

카메라(camera)와 알람(alarm), 카페(cafe)는 모두 외국어를 한국어처럼 쓰고 있는 말입니다. 카메라는 진짜(?) 한국어로 '사진기', 알람은 '자명종', 카페는 '다방'입니다. 그런데 지금은 이런 외래어가 한국인에게 더 익숙해져서 카메라를 '사진기'라고 하면 조금 어색하게 느껴지기도 합니다. 그리고 알람을 '자명종'이라고 하면 잘 못 알아듣거나 다른 물건을 말하는 거라고 생각하는 사람도 있습니다. 카페 역시 원래 '다방'이라고 불렸지만 지금은 다방이라는 말을 쓰는 사람은 거의 없습니다. 여러분도 '커피숍(coffee shop)'이나 '카페'라고 말하면 좋겠습니다.

또, 여러분들이 한국에서 "파이팅(fighting)!"이라는 말을 자주 들었을 텐데요, 이 말은 "힘내세요!"와 같은 의미입니다. 가끔 '화이팅'이라고 쓰는 경우도 있는데, '파이팅'이 올바른 표기법입니다.

## 엉뚱한 대답을 하는 것? '동문서답(東問西答)'이라고 해요.

제니 씨가 휴대전화를 어떻게 살 수 있냐고 물어봤는데, 수빈 씨는 제니 씨에게 한국에 얼마나 오랫동안 있을 거냐고 했어요. 제니 씨가 생각할 때는, 유빈 씨가 자기 질문에 엉뚱한 대답을 했다고 오해할 수 있는 상황입니다. 이렇게 질문과 상관없는 엉뚱한 대답을 하는 것을 '동문서답(東問西答)'이라고 합니다. 동쪽을 물어봤는데 서쪽을 대답한다는 건데요, 즉 물어본 것과 상관없는 대답을 하는 것을 말하는 거죠. 한국어가 서투른 외국인들은 한국어로 대화를 하다 보면 이렇게 아래 대화와 같이 동문서답을 하는 경우가 종종 있지요.

A: 밥 먹었어요? / B: 저는 한국 대학교에서 공부해요.
A: 전화번호 좀 가르쳐 줄 수 있어요? / B: 네, 저는 광화문 근처에 살아요.

메모

# PART
# 04

🔊 MP3 04

# 집 알아보고 이사하기

**1** 집을 좀 알아보려고요.

**2** 남향집이 좋겠네요.

**3** 혼자 살아서 짐은 많지 않아요.

**4** 체류지 변경 신고를 해야겠네요.

## 알아 두면 쓸모 있는 한국 문화

[한국의 거주 형태]

한국에서 다른 사람의 집을 빌려서 사는 형태는 여러 가지가 있습니다. 먼저, 보증금을 내고 집이나 방을 계약한 다음, 매달 정해진 금액을 집주인에게 내는 '월세'가 있습니다. 매달 정해진 돈을 집주인에게 내는 '월세'는 보증금이 비교적 저렴하지만 매달 돈을 내야 한다는 단점이 있습니다. 또, 흔히 한국에만 있는 제도라고 하는 '전세'는 집주인에게 전세금(전세보증금)을 내고, 계약 기간 동안 집을 빌려서 사는 것입니다. '전세'는 매달 집주인에게 돈을 내지 않아도 되지만, 전세금이 비싸다는 특징이 있습니다.

[이사 비용이 비싼 '손 없는 날']

한국에서는 이사, 결혼과 같은 중요한 일을 할 때, 나쁜 귀신이 방해하지 않는 날을 고르는 문화가 있습니다. 그런 날을 '손 없는 날'이라고 하는데요, 요즘도 이사는 '손 없는 날'을 골라서 하는 경우가 많습니다. '손 없는 날'은 이사 비용이 더 비쌉니다. 적게는 몇 만원부터 많게는 50만 원이 넘게 차이가 나기도 하니 이사하는 날을 고를 때 참고하면 좋겠죠?

- 집을 좀 알아보려고 왔는데요.

- 시대 대학교에서 가까운 원룸이었으면 좋겠는데요.

- 햇빛이 잘 들어왔으면 좋겠어요.

- 주택가라서 조용할 겁니다.

- 오후 3시 이후면 좋겠어요.

- 비용이 추가될 수 있습니다.

- 집 좀 정리되면 집들이할 겸 초대할게요.

- 체류지 변경 신고를 해야겠네요.

# 1

## 집을 좀
## 알아보려고요.

**문법 check!**
- V + -(으)ㄴ/는데요:
  말하고 싶은 내용을 부
  드럽게 표현하는 말

**talk talk 단어·표현**
- 월세(Monthly rent):
  보증금을 맡기고 매월
  사용료를 내면서 부동산
  을 사용하는 것
- 전세: 전세금(보증금)을
  맡기고 일정 기간 동안
  부동산을 사용하는 것
- 원룸(one-room): 방
  하나에 침실, 거실, 부
  엌, 식당이 모두 있는 집

**부동산** 어서 오세요. 뭐 찾으세요?
Welcome. How may I help you?

**프엉** 집을 좀 알아보려고 왔는데요.
I'm looking for a house.

**부동산** 어떤 거 찾으세요? 월세? 전세?
What are you looking for? 월세? 전세?

**프엉** 월세요. 시대 대학교에서 가까운 원룸
이었으면 좋겠는데요.
Monthly rent. I'm hoping for a one-room
apartment close to Sidae University.

**부동산** 네, 잠시만요. 좀 앉으시죠.
Okay, please take a seat here for a moment.

마침 최근에 원룸 월세 나온 게 몇 개 있
어요.
By the way, there have been a few one-
rooms for rent recently.

**부동산** 특별히 원하는 게 있으세요?

Is there anything in particular you are looking for?

**프엉** 일단 햇빛이 잘 들어왔으면 좋겠어요.

First of all, I would like a lot of natural light.

제가 곰팡이 때문에 고생을 좀 해서요.

I've been struggling a bit with mold.

**부동산** 그럼 남향집이 좋겠네요. 볕 잘 들어오게요.

Then a south-facing property would be good, It will have a lot of light.

혹시 차 있으세요?

Do you have a car?

원룸은 주차가 안 되는 집이 많거든요.

Many one-rooms do not offer parking.

**프엉** 차는 없어요.

I don't have a car.

그런데 주변이 좀 조용했으면 좋겠어요.

But I would like somewhere quiet.

**부동산** 네, 나온 매물이 다 주택가라서 조용할 겁니다.

Yes, it will be quiet because all of the one-rooms we have for rent are in residential areas.

# 2

## 남향집이 좋겠네요.

### talk talk 단어 · 표현

- 햇빛(볕): 해(태양)에서 나오는 빛
- 곰팡이: 어둡고 습기가 있는 곳에 생기는 균류
- 남향: 남쪽으로 향함. 남쪽을 바라보고 있음.
- 주차: 자동차를 어떤 장소에 세워 놓음.
- 매물: 팔려고 내놓은 물건
- 주택가: 한 채씩 따로 지은 집들이 모여 있는 곳

### 문법 check!

- V + -(으)면 좋겠다: 어떤 행동이나 상태가 되기를 원할 때, 원하는 내용을 나타내는 말

**talk talk 단어 · 표현**

- 도로변: 사람이나 차가 다닐 수 있는 넓은 길의 주변
- 집주인: 어떤 집을 자기의 것으로 가지고 있는 사람
- 분위기: ① 어떤 상황에서 느껴지는 기분, ② 주위를 둘러싸고 있는 상황이나 환경, ③ 어떤 사람이나 사물이 가진 독특한 느낌, ④ 어떤 시대에 자연스럽게 만들어진 사회적인 여론의 흐름. 여기서는 ④의 뜻

학교 앞 도로변이 시끄럽지, 주택가는 조용해요.

The road in front of the school is noisy, but the residential area is quiet.

**[프엉]** 참, 저…. 제가 개를 한 마리 키우고 있는데요.

Oh, I…. I have a dog.

이 부분은 집주인이랑 얘기를 해 봐야 하나요?

Should I talk to the landlord about this?

**[부동산]** 네, 그건 집주인한테도 얘기를 하고, 이웃들한테도 얘기를 해 봐야 할 것 같아요.

Yes, you should talk to the landlord and also your neighbors about it.

그런데 요즘은 똥오줌 잘 치우고 짖지 않으면 다 이해해 주는 분위기인 것 같더라고요.

These days people are usually understanding as long as you clean up after your dog and it doesn't bark too much.

## 혼자 살아서 짐은 많지 않아요.

**직원** ▶ 안녕하세요? 시대 이사입니다.
Hello, It's Sidae house-moving.

**프엉** ▶ 거기 이삿짐 센터죠?
That's the house-moving company, right?

**직원** ▶ 네, 맞습니다.
Yes, that's right.

**프엉** ▶ 제가 다음 주에 이사를 하려고 하는데요.
I'm going to move next week.

**직원** ▶ 지역이 어디세요?
Which area?

**프엉** ▶ 마포구에서 동작구로 이사하려고요.
I'm going to move from Mapo-gu to Dongjak-gu.

**직원** ▶ 멀지는 않네요.
Oh, that's not far.

짐이 많은 편인가요?
Do you have a lot of stuff?

**프엉** ▶ 아니요, 혼자 살아서 짐은 많지 않아요.
No, I don't have a lot of stuff because I live alone.

풀옵션이라서 가구도 거의 없고요.
It's a furnished place, so there's almost no furniture.

**talk talk 단어 · 표현**
- 이삿짐 센터: 이삿짐을 대신 실어 나르는 일을 하는 업체
- 짐: 다른 곳으로 옮기기 위해 챙기거나 싸 놓은 물건
- 풀옵션(full-option): 가구나 전기 제품이 다 준비되어 있는 집

**talk talk 단어 · 표현**

- 예약: 미리 약속함. 또는 미리 정한 약속
- 비용: 어떤 일을 하는 데 드는 돈

**문법 check!**

- [숫자] + 대 차, 기계, 악기 등을 세는 단위

**직원** 혹시 원하시는 요일이 있으세요?

Is there a particular day you want?

**다음 주는 월, 목, 금, 이렇게 예약 가능합니다.**

You can reserves Monday, Thursday or Friday next week.

**프엉** 날짜는 다 괜찮은데요, 시간이 오후 3시 이후면 좋겠어요.

Any of those days are fine, but I'm hoping to move after 3 p.m.

**직원** 네, 가능합니다. 그러면 다음 주 월요일 오후 3시로 예약해 드리겠습니다. 괜찮으시죠?

Yes, that's possible. I'll make a reservation for next Monday at 3 p.m., is that okay?

**주말에 기사님이 한 번 더 연락드릴 겁니다.**

The driver will contact you again over the weekend.

**프엉** 네, 알겠습니다. 비용은 얼마나 되나요?

Yes, that's fine. How much will it cost?

**직원** 차 한 대면 되니까 20만 원이고요,

It's 200,000 won because one truck should be enough,

혹시 짐이 생각보다 많거나 큰 가구가
있으면 비용이 추가될 수 있습니다.

if you have more things than we are
expecting then we, will add costs later.

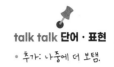

**프엉** 네, 알겠습니다. 감사합니다.

I see. Thank you.

# 4

## 체류지 변경 신고를 해야겠네요.

**talk talk 단어 · 표현**

- 집들이: 이사한 후에 이웃이나 가까운 사람을 초대해서 집을 구경시키고 음식을 대접하는 일
- 전입신고: 한국인이 사는 곳을 옮길 때 살게 된 곳을 관리하는 기관에 알려 주는 것
- 체류지 변경 신고: 외국인이 사는 곳을 바꿨다고 정부 기관에 알려 주는 것

**문법 check!**

- V + -ㄹ 겸 V + 하다: 앞의 행동과 뒤의 행동을 같이 할 때 쓰는 말

---

**유빈** 프엉 씨, 이사 잘했어요?

Phuong, did your move go well?

**프엉** 네, 덕분에요.

Yes, thanks to you.

이삿짐 센터 아저씨가 너무 친절하게 도와주셔서 어려운 건 없었어요.

It was easy because the moving company man helped me so much.

집 좀 정리되면 집들이할 겸 초대할게요.

I'll invite you to a housewarming party when the place is cleaned up.

**유빈** 그래요. 기다릴게요.

Okay. I'll look forward to it.

그런데 전입신고는 하셨어요?

Did you report your change of address?

**프엉** 전입신고요? 그게 뭐예요?

Change of address? What's that?

**유빈** 아, 프엉 씨는 외국인이니까 전입신고가 아니라 체류지 변경 신고를 해야겠네요.

Oh actually, because you're a foreigner, you should report a change to your place of stay, not a change of address.

이사하고 나면 머무는 곳이 바뀌었다고
신고를 해야 돼요.

After moving, you have to report that your
place of stay has changed.

**프엉** 그래요? 어디에서 하면 돼요? 출입
국 · 외국인청에 가야 하나요?

Really? Where can I do that? Do I have to
go to the immigration office?

**유빈** 옛날에는 그랬는데 요즘은 주민센터에
서도 할 수 있어요.

It used to be that way, but these days, it
can be done at a community center.

주민센터에 가서 체류지 변경 신고하러
왔다고 하면 안내해 줄 거예요.

If you go to the community center and tell
them you're there to report a change in
your place of stay, they'll help you.

**프엉** 그렇군요. 알려 줘서 고마워요.

I see. Thanks for letting me know.

시간이 될 때 가 볼게요.

I'll go when I have time.

**유빈** 안 돼요. 오늘 당장 가야 해요.

No, you have to go right away.

**프엉** 왜요?

Why?

**talk talk 단어 · 표현**

- 머무르다: 도중에 멈추거
  나 정해진 동안 어떤
  곳에서 살다.
- 출입국·외국인청: 한국인
  과 외국인이 나라 밖으
  로 나가거나 들어오는
  것에 대한 일을 하는
  기관
- 주민센터: 지역 주민들의
  행정 업무와 민원 업무
  를 처리하는 관공서

## talk talk 단어 · 표현

- 이내: 일정한 거리, 시간, 양 안쪽으로
- 벌금: 나라의 법을 어긴 데에 대한 벌로 내게 하는 돈

---

**유빈** 체류지 변경 신고는 이사하고 14일 이내에 해야 돼요.

You have to report a change to your place of stay within 14 days of moving.

날짜를 넘기면 벌금으로 100만 원을 내야 할 수도 있고요.

If you pass that date, you may have to pay a fine of 1 million won.

그런데 프엉 씨는 분명히 잊어버릴 테니까 지금 가서 하세요.

I think you'll definitely forget, so go and do it now.

**프엉** 유빈 씨는 나에 대해 너무 잘 알아요. 그럼 오늘…. 아니, 지금 바로 갈게요.

You know me so well. Today…. Okay, I'll go right away.

**PART 04-1**

A: 어서 오세요. 뭐 찾으세요?

B: 집을 좀 알아보려고 왔는데요.

A: 어떤 거 찾으세요? 1)_____? 2)_____?

B: 월세요. 시대 대학교에서 가까운 3)_____이었으면 좋겠는데요.

A: 네, 잠시만요. 좀 앉으시죠. 마침 최근에 원룸 월세 나온 게 몇 개 있어요.

**PART 04-2**

A: 특별히 원하는 게 있으세요?

B: 일단 1)_____이 잘 들어왔으면 좋겠어요. 제가 2)_____ 때문에 고생을 좀 해서요.

A: 그럼 3)_____이 좋겠네요. 볕 잘 들어오게요. 혹시 차 있으세요? 원룸은 4)_____가 안 되는 집이 많거든요.

B: 차는 없어요. 그런데 주변이 좀 조용했으면 좋겠어요.

A: 네, 나온 5)_____이 다 6)_____라서 조용할 겁니다. 학교 앞 7)_____이 시끄럽지, 주택가는 조용해요.

B: 참, 저…. 제가 개를 한 마리 키우고 있는데요. 이 부분은 8)_____이랑 얘기를 해 봐야 하나요?

A: 네, 그건 집주인한테도 얘기를 하고, 이웃들한테도 얘기를 해 봐야 할 것 같아요. 그런데 요즘은 똥오줌 잘 치우고 짖지 않으면 다 이해해 주는 9)_____인 것 같더라고요.

## PART 04-3

A: 안녕하세요? 시대 이사입니다.

B: 거기 1)_____죠?

A: 네, 맞습니다.

B: 제가 다음 주에 이사를 하려고 하는데요.

A: 지역이 어디세요?

B: 마포구에서 동작구로 이사하려고요.

A: 멀지는 않네요. 2)_____이 많은 편인가요?

B: 아니요, 혼자 살아서 짐은 많지 않아요. 3)_____ 이라서 가구도 거의 없고요.

A: 혹시 원하시는 요일이 있으세요? 다음 주는 월, 목, 금, 이렇게 4)_____ 가능합니다.

B: 날짜는 다 괜찮은데요, 시간이 오후 3시 이후면 좋겠어요.

A: 네, 가능합니다. 그러면 다음 주 월요일 오후 3시로 예약해 드리겠습니다. 괜찮으시죠? 주말에 기사님이 한 번 더 연락 드릴 겁니다.

B: 네, 알겠습니다. 5)_____은 얼마나 되나요?

A: 차 한 6)_____면 되니까 20만 원이고요, 혹시 짐이 생각보다 많거나 큰 가구가 있으면 비용이 7)_____될 수 있습니다.

B: 네, 알겠습니다. 감사합니다.


**PART 04-4**

A: 프엉 씨, 이사 잘했어요?

B: 네, 덕분에요. 이삿짐 센터 아저씨가 너무 친절하게 도와주셔서 어려운 건 없었어요. 집 좀 정리되면 1)_____할

겸 초대할게요.

A: 그래요. 기다릴게요. 그런데 전입신고는 하셨어요?

B: 전입신고요? 그게 뭐예요?

A: 아, 프엉 씨는 외국인이니까 전입신고가 아니라 2)_____
_____를 해야겠네요. 이사하고 나
면 머무는 곳이 바뀌었다고 신고를 해야 돼요.

B: 그래요? 어디에서 하면 돼요? 출입국 · 외국인청에 가야 하
나요?

A: 옛날에는 그랬는데 요즘은 3)_____에
서도 할 수 있어요. 주민센터에 가서 체류지 변경 신고하러
왔다고 하면 안내해 줄 거예요.

B: 그렇군요. 알려 줘서 고마워요. 시간이 될 때 가 볼게요.

A: 안 돼요. 오늘 당장 가야 해요.

B: 왜요?

A: 체류지 변경 신고는 이사하고 14일 4)_____에 해야
돼요. 날짜를 넘기면 5)_____으로 100만 원을 내야
할 수도 있고요. 그런데 프엉 씨는 분명히 잊어버릴 테니까
지금 가서 하세요.

B: 유빈 씨는 나에 대해 너무 잘 알아요. 그럼 오늘···. 아니, 지
금 바로 갈게요.

**정답**

한국에서 생활하며 들을 수 있는, 알아 두면 쓸모 있는 표현들로 회화 실력 UP!

프엉 씨, 이사한 뒤로 계속 바쁜가 봐요. 정신없어 보여요.

네, 이것저것 하느라 정신이 없었어요.
집만 구하면 다른 건 쉬울 줄 알았는데, 그렇지가 않더라고요.
그래도 유빈 씨 덕분에 체류지 변경 신고까지 다 해서
이제 급한 건 거의 끝났어요.

정말 고생 많으셨네요. 제가 뭐 도와드릴 건 없어요?

당연히 있지요.
내일 저녁에 시간 좀 내 주세요.

내일 저녁요? 마침 내일 저녁은 한가해요.
그런데 뭘 도와드리면 되는데요?

내일 저녁에 우리 집에 와서 집 구경도 하고,
맛있는 음식도 먹고, 술도 한잔해 주세요.

난 또 뭐라고…. 내일 집들이하는 거군요?

네, 초대한 친구들이 다 오면 6명쯤 될 것 같은데,
뭘 준비하면 좋을까요?
이사했으니까 짜장면을 먹으면 되나요?

아니요, 짜장면은 보통 이사하는 날 먹어요.
집들이 때는 그냥 아무거나 맛있는 음식을 준비하면 돼요.

아, 그렇군요.
'아무거나'는 정말 어려운데….
유빈 씨가 좀 선택해 주면 안 될까요?

그럼 제가 아주 약간 도움을 드릴게요.
저는 피자를 아주 아주 좋아한답니다. 참고하세요.

큰 도움이 되었어요.
그럼 내일 저녁 7시에 우리 집으로 오세요.
집 주소는 이따가 보내 드릴게요.

**실력 UP!** 단어 · 표현 알아보기 ······

★ 한가하다: 시간이 있다.
★ 참고(하다): 도움이 되는 자료나 정보로 삼다.

### 부동산에서 부동산을 구해요?

한국어 사전을 찾아보면 부동산(estate)은 '집, 건물이나 땅'을 뜻합니다. 그런데 사람들은 집을 구하기 위해 '부동산'에 간다고 합니다. 이상하다고 생각해 본 적 있나요? 사람들이 집을 구할 때 도움을 받을 수 있는 곳의 원래 이름은 '부동산 공인중개사 사무소'입니다. 보통 한국 사람들은 부동산 공인중개사 사무소를 짧게 줄여서 '부동산'이라고 부릅니다. 그러니까 "부동산을 알아보러 부동산에 가요."라는 말도 맞는 문장입니다. 하지만 한국 사람들은 보통 "집/건물/땅을 알아보러 부동산에 가요."라고 말한답니다.

### '-거든요↘'와 '-거든요↗'는 달라요!

'-거든요'는 앞에서 말한 내용의 이유나 근거를 말할 때와 자기가 말하는 것이 당연하다는 것을 나타낼 때 쓰는 표현입니다. 그런데 실제로 대화를 할 때 '-거든요'를 사용한다면 조심해야 할 점이 있습니다. 끝을 내려서 '-거든요↘'라고 할 때와 끝을 올려서 '-거든요↗'라고 할 때는 의미에 차이가 있습니다. 혹시 한국 영화나 한국 드라마에서 '-거든요'라는 표현을 들어 보았나요? 어떤 경우에 끝을 올려서 말했는지 생각해 봅시다. 맞아요. 기분이 나쁠 때 끝을 올려서 '-거든요↗'라고 말합니다. 끝을 올려서 말하면 화가 났거나 짜증이 났다는 느낌을 줍니다. 그러니까 여러분이 화를 내는 경우가 아니라면 끝을 내려서 말하는 것이 좋습니다.

---

> **메모**
>
>
>
>
>
>

# PART 05

 MP3 05

# 은행 가기

**1** 통장을 만들고 싶어요.

**2** 달러에서 한국 돈으로 바꿔 주세요.

**3** 인증서가 필요해요.

**4** 백만 원을 보내면 수수료는 얼마예요?

## 알아 두면 쓸모 있는 한국 문화

['한국은행'에서도 통장을 만들 수 있을까?]

한국의 은행에서 저축을 하려면 은행에서 통장을 만들어야 합니다. 보통 한국 사람들은 특별한 경우가 아니면 집이나 회사에서 가까운 은행을 이용하며, 흔히 보이는 시중 은행 어느 곳에서든 은행 거래를 할 수 있습니다.

하지만 서울 중구에 있는 '한국은행'에서는 은행 거래를 할 수 없습니다. 한국은행은 한국의 경제를 관리하고 통화량을 조절하는 곳이기 때문에 사람들에게 통장을 만들어 주는 등의 금융 거래는 하지 않습니다. 그러니까 은행 거래를 하려면 한국은행이 아닌 다른 은행에 가야겠죠?

- 신분증은 외국인등록증 주시면 됩니다.

- 형광펜으로 표시된 부분만 작성해 주시면 됩니다.

- 달러에서 한국 돈으로 바꾸시는 거 맞죠?

- 출금은 안 하시고 그냥 환전만 하시는 건가요?

- 보안카드와 OTP 중 어떤 것으로 하시겠어요?

- 컴퓨터든 핸드폰이든 다 넣을 수 있습니다.

- 자금 출처를 증빙할 서류가 필요합니다.

- 근로 소득이 있으시면 급여명세서 주시면 됩니다.

# 1

## 통장을
## 만들고 싶어요.

**talk talk 단어 · 표현**

- 통장: 은행에 돈을 맡기거나 빌린 사람에게 돈이 나가고 들어오는 상황을 기록해 주는 작은 책
- 신분증: 어떤 사람에 대한 정보를 적은 증명서
- 개설(하다): 새로 만들다.
- 외국인등록증: 한국에 90일을 넘겨서 머무는 외국인에게 주는 증명서
- 발급(하다): 만들어서 주다.

---

**직원** ▶ 어서 오세요. 어떻게 오셨어요?

Welcome. How can I help?

**유토** ▶ 통장을 만들려고 하는데요.

I'm here to open a bank account.

**직원** ▶ 네, 신분증 주시고 이것 좀 작성해 주시겠어요?

Okay, can you give me your ID and fill this out?

통장 개설 신청서예요.

It's an application form for opening a bank account.

신분증은 외국인등록증 주시면 됩니다.

You can give me your alien registration card.

그리고 신청서는 형광펜으로 표시된 부분만 써 주시면 돼요.

Just write the part that I checked with a highlighter.

**유토** ▶ 여기 외국인등록증 있어요.

I have my alien registration card here.

**직원** ▶ 카드도 발급해 드릴까요?

Do you want me to issue you a bank card?

**유토** ▶ 네.

Yes, please.

**직원** 그럼 이것도 작성해 주시겠어요?

Then can you fill this out too?

이건 카드 발급 신청서인데요,

It's an application for card issuance,

이것도 형광펜으로 표시된 부분만 작성
해 주시면 됩니다.

you only need to fill out the highlighted
part for this too.

# 2

## 달러에서 한국 돈으로 바꿔 주세요.

**직원** 어서 오세요.
Hello.

**제니** 환전을 하려고 하는데요.
I need to exchange money.

**직원** 네, 신분증과 통장 주시겠어요?
Okay, can I have your ID and bank account information?

달러에서 한국 돈으로 바꾸시는 거 맞죠?
You're changing dollars to Korean won, right?

**제니** 네, 맞아요.
Yes, that's right.

**직원** 얼마나 환전하시겠어요?
How much do you want to exchange?

**제니** 잔액 모두 환전해 주시겠어요?
Can I exchange the full balance?

**직원** 네, 알겠습니다. 출금은 안 하시고 그냥 환전만 하시는 건가요?
Okay. Do you want to exchange the money without withdrawing?

**제니** 아, 20만 원 출금해 주세요.
Oh, please withdraw 200,000 won.

**직원** 네, 잠시만 기다려 주세요.
Alright, please wait a moment.

**talk talk 단어 · 표현**
- 환전(하다): 어떤 나라의 돈을 다른 나라의 돈으로 바꾸다.
- 출금(하다): 돈을 꺼내서 쓰거나 가지다.

**문법 check!**
- V + -나요?, A + -(으)ㄴ가요?: 부드러운 느낌으로 물어볼 때 사용하는 표현

## 인증서가
## 필요해요.

**직원** ▶ 어서 오세요. 무엇을 도와드릴까요?

Welcome. What can I do for you?

**케빈** ▶ 공인인증서가 필요해서 왔는데요.

I came because I needed a 공인인증서.

**직원** ▶ 아, 공동인증서 말씀이시군요.

You mean 공동인증서, right?

여기 필요한 서류를 작성해 주시고요,
신분증 주시겠어요?

Please fill out the necessary documents here,
and can I have your ID?

인증 절차는 보안카드와 OTP 중 어떤
것으로 하시겠어요?

Which would you like to use for the
authentication process, a security card or
OTP?

**케빈** ▶ 보안카드로 할게요.

I'll use the security card.

**직원** ▶ 다 됐습니다. 또 뭐 필요한 거 있으세요?

It's done. Do you need anything else?

**케빈** ▶ 이거 컴퓨터에 넣는 거지요? 핸드폰에
도 넣어 주실 수 있나요?

I put this in the computer, right? Can you
also put it in my cell phone?

**talk talk 단어 · 표현**

• 인증서: 문서나 행위가
제대로 되었음을 증명
하는 증서

• 공동인증서: 인터넷으로
물건을 사고 팔 때 나
를 증명하기 위해 사용
하는 증명서. 공인인증서
에서 공동인증서로 이름
이 바뀌었다.

• 절차: 순서나 방법

**직원** 컴퓨터든 핸드폰이든 다 넣을 수 있습니다.

You can put it anywhere, whether it's a computer or a cell phone.

### USB에도 넣으실 수 있고요.

You can even put it in a USB, too.

### 고객님께서 직접 하시면 됩니다.

You can do it yourself.

**케빈** 아, 그렇군요. 집에서 한번 해 볼게요.

Oh, I see. I'll try it when I get home.

**4**

## 백만 원을 보내면 수수료 는 얼마예요?

**직원** 무엇을 도와드릴까요?

What can I do for you?

**프엉** 제가 중국으로 송금을 하려고 하는데요.

I want to transfer money to China.

**직원** 혹시 저희 지점으로 외국환 은행 지정 등록을 하셨나요?

Did you register with a designated foreign exchange branch of our bank?

**프엉** 네? 이 은행에서 만든 통장은 있는데, 송금은 처음 하는 거예요.

Sorry? I have a bankbook created by this bank, but it's my first time remitting money.

**직원** 그럼 먼저 저희 지점으로 외국환 은행 지정 등록을 하셔야 해요.

Then you have to register with a designated foreign exchange branch of our bank first.

여권, 외국인등록증, 그리고 자금 출처 를 증빙할 서류가 필요합니다.

You will need your passport, alien registration card, and documents to prove the source of the funds.

**프엉** 아, 여기 있어요. 급여명세서가 있으면 되지요?

Oh, I have them here. I just need a statement of my salary, right?

**talk talk 단어 · 표현**
- 송금: 돈을 보내는 것
- 외국환 은행 지정 등록: 하나의 은행에서 편리 하고 안전하게 다른 나라에 돈을 보내고 받 을 수 있도록 하는 것
- 출처: 물건이나 말 등이 나온 곳
- 증방 믿을 수 있는 증거
- 서류: 다른 일의 자료나 어떤 사실을 증명할 수 있는 문서
- 급여명세서: 회사에서 일 을 하는 대가로 받는 돈에 대한 내용을 적은 문서

찰떡 한국어 필수 회화 **75**

**직원** ▶ 네, 맞습니다. 근로 소득이 있으시면 급여명세서 주시면 됩니다.

If you have earned income, you can give me a salary statement.

그럼 지금 등록해 드릴까요?

Do you want me to register it for you now?

**프엉** ▶ 네, 그런데 수수료는 얼마나 되지요?

Yes, but how much is the fee?

백만 원을 보내려고 하는데요.

I'm going to send one million won.

**직원** ▶ 잠시만요.

Hold on a second.

보내는 금액에 따라서 수수료가 달라질 수 있는데 제가 계산해 보겠습니다.

The fee may vary depending on the amount you send, so I'll calculate it.

손님, 백만 원을 보낼 경우 송금 수수료 만 원, 전신료 8,000원, 그리고 중개은행 수수료가 21,400원 정도가 나옵니다.

If you send 1 million won, you will need to pay 10,000 won in remittance fees, 8,000 won in telegraph fees, and 21,400 won in Korean money for brokerage bank fees.

**프엉** ▶ 네, 알겠습니다. 그럼 오늘 지정 등록을 하고 100만 원 송금도 할게요.

Yes, I see. Then I'll register for the designation today and remit 1 million won.

**PART 05-1**

A: 어서 오세요. 어떻게 오셨어요?

B: 1) _____ 을 만들려고 하는데요.

A: 네, 2) _____ 주시고 이것 좀 작성해 주시겠
어요? 통장 3) _____ 신청서예요. 신분증은 4) _____
_____ 주시면 됩니다. 그리고 신청서는 형광펜으로
표시된 부분만 써 주시면 돼요.

B: 여기 외국인등록증 있어요.

A: 카드도 5) _____ 해 드릴까요?

B: 네.

A: 그럼 이것도 6) _____ 해 주시겠어요? 이건 카드 발급
신청서인데요, 이것도 형광펜으로 표시된 부분만 작성해 주시
면 됩니다.

**PART 05-2**

A: 어서 오세요.

B: 1) _____ 을 하려고 하는데요.

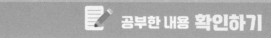
A: 네, 신분증과 통장 주시겠어요? 달러에서 한국 돈으로 바꾸시는 거 맞죠?

B: 네, 맞아요.

A: 얼마나 환전하시겠어요?

B: 잔액 모두 환전해 주시겠어요?

A: 네, 알겠습니다. 2)_____은 안 하시고 그냥 환전만 하시는 건가요?

B: 아, 20만 원 출금해 주세요.

A: 네, 잠시만 기다려 주세요.

### PART 05-3

A: 어서 오세요. 무엇을 도와드릴까요?

B: 공인인증서가 필요해서 왔는데요.

A: 아, 1)_____ 말씀이시군요. 여기 필요한 서류를 작성해 주시고요, 신분증 주시겠어요? 인증 2)_____는 보안카드와 OTP 중 어떤 것으로 하시겠어요?

B: 보안카드로 할게요.

A: 다 됐습니다. 또 뭐 필요한 거 있으세요?

B: 이거 컴퓨터에 넣는 거지요? 핸드폰에도 넣어 주실 수 있나요?

A: 컴퓨터든 핸드폰이든 다 넣을 수 있습니다. USB에도 넣으실 수 있고요. 고객님께서 직접 하시면 됩니다.

B: 아, 그렇군요. 집에서 한번 해 볼게요.

PART 05-4

A: 무엇을 도와드릴까요?

B: 제가 중국으로 1)_____을 하려고 하는데요.

A: 혹시 저희 지점으로 외국환 은행 지정 등록을 하셨나요?

B: 네? 이 은행에서 만든 통장은 있는데, 송금은 처음 하는 거예요.

A: 그럼 먼저 저희 지점으로 외국환 은행 지정 등록을 하셔야 해요. 여권, 외국인등록증, 그리고 자금 출처를 2)_____할 서류가 필요합니다.

B: 아, 여기 있어요. 3)_____가 있으면 되지요?

A: 네, 맞습니다. 4)_____이 있으시면 급여명세서 주시면 됩니다. 그럼 지금 등록해 드릴까요?

B: 네, 그런데 5)_____는 얼마나 되지요? 백만 원을 보내려고 하는데요.

A: 잠시만요. 보내는 금액에 따라서 수수료가 달라질 수 있는데 제가 계산해 보겠습니다. 손님, 백만 원을 보낼 경우 송금 수수료 만 원, 전신료 8,000원, 그리고 5)_____은행 수수료가 21,400원 정도가 나옵니다.

B: 네, 알겠습니다. 그럼 오늘 지정 등록을 하고 100만 원 송금도 할게요.

**정답**

| PART 05-1 | PART 05-2 | PART 05-3 | PART 05-4 |
|---|---|---|---|
| 1) 통장 | 1) 환전 | 1) 공동인증서 | 1) 송금 |
| 2) 신분증 | 2) 출금 | 2) 절차 | 2) 증빙 |
| 3) 개설 | | | 3) 급여명세서 |
| 4) 외국인등록증 | | | 4) 근로 소득 |
| 5) 발급 | | | 5) 수수료 |
| 6) 작성 | | | 6) 중개 |

한국에서 생활하며 들을 수 있는, 알아 두면 쓸모 있는 표현들로 회화 실력 UP!

어서 오세요. 무엇을 도와드릴까요?

적금을 하나 넣으려고 하는데요.

네, 혹시 알아보고 오신 상품이 있으세요?

아니요. 제가 돈이 많지는 않아서 아주 조금씩만 넣으려고 하는데요.
십만 원씩도 괜찮을까요?

그럼요, 고객님. 당연히 가능하지요.
오히려 한도액이 있어서 오십만 원씩 이상은 안 되는 상품이 있고요,
적게 넣는 것은 전혀 상관없습니다.

그럼 보통 이자는 얼마나 되나요?

이율은 상품마다 다른데, 요즘 이율은 1.1% 정도예요.

아, 그래요? 생각보다 적네요.

네, 기본 금리는 그런데, 만기일까지 적금 해지하지 않고
유지하시면 우대 금리 적용되고, 추가 조건을 충족하시면
또 우대 금리가 적용되기도 해요.

한국에서 생활하며 들을 수 있는, 알아 두면 쓸모 있는 표현들로 회화 실력 UP!

우대 금리 조건은 뭐예요?

급여 이체 통장을 저희 은행으로 하시면 금리 우대 받으실 수 있어요.
실례지만 나이가 어떻게 되시죠?

네? 저요? 저는 올해 서른둘인데요.

아, 잘 됐네요.
그럼 청년 우대 금리 적용이 되시거든요.
이 적금 상품에 가입하셔서 급여 통장을 저희 계좌로 설정하시면
3%까지 이자를 받으실 수 있어요.

오, 그래요? 그러면 그걸로 가입하고 싶어요.

네, 잠시만요.
가입 기간은 어떻게 하시겠어요?
1년짜리도 있고, 2년짜리도 가능하세요.

우선 1년만 해 볼게요.

네, 그럼 급여 이체 조건과 청년 우대 금리 적용해서
3% 이율로 가입 도와드릴게요.

1년 이내에 해지하실 경우에는 금리 우대 적용이 취소될 수 있어요.
이 부분 꼭 알아 두시고요.

네, 알겠습니다.

**실력 UP!** 단어 · 표현 알아보기···········································································

★ 한도액: (일정하게 한정된 액수) 어떤 금액보다 더 많으면 안 되는 기준
★ 이자: 돈을 빌려 쓰면 그 대가로 내야 하는 돈
★ 이율: 이자의 퍼센티지(%)
★ 만기일: 미리 정한 기간이 끝나는 날
★ 급여 이체 통장: 월급이 송금되는 통장
★ 우대: 특별히 잘해 주는 것
★ 해지: 계약 후 어느 한쪽이 원해서 계약을 취소하는 것

### "은행에서 쓰는 한국어는 너무 어려워요."

평소에는 한국어로 의사소통하는 데 문제가 없었는데 은행에 가면 한국어를 잘 못 알아
들을 때가 있습니다. 은행 직원들은 은행에서 주로 사용하는 전문 용어를 많이 쓰기 때
문이지요. 이런 전문 용어가 외국인에게 조금 어렵게 느껴질 수 있습니다. 예를 들면 "이
신청서를 써 주세요."라고 하지 않고, 은행에서는 "이 신청서를 작성해 주시겠습니까?"
라고 할 때가 많습니다. 그리고 "돈을 바꾸실 거예요?", "돈을 보내실 거예요?"라고 하
면 쉬울 텐데, "환전하시겠어요?", "송금하시겠어요?"라고 말하니 왠지 좀 어렵게 느껴
집니다. 그 밖에도 아주 어려운 어휘를 많이 사용하지요. 그래서 은행에 업무를 보기 전
에 인터넷에서 내가 볼 업무에 관련된 어휘를 찾아보고 가는 것이 좋습니다.

### 은행에서 듣는 낯선 단어들은 사실 이런 뜻이에요!

| | |
|---|---|
| 돈을 맡기다(은행에 돈을 주다) | 입금 |
| 돈을 찾다(은행에서 돈을 가지고 오다) | 출금 |
| 돈을 바꾸다(한국돈 ↔ 외국돈) | 환전 |
| 돈을 보내다 | 송금 |

**메모**

# PART
# 06

🔊 MP3 06

# 쇼핑하기

1️⃣ 필요한 거 있으면 말씀하세요.

2️⃣ 안감이 기모예요.

3️⃣ 계산 도와드릴까요?

4️⃣ 혹시 상품에 무슨 문제가 있나요?

---

## 알아 두면 쓸모 있는 한국 문화

[한국 사람들이 인터넷 쇼핑을 많이 하는 이유는 뭐예요?]
한국은 인터넷 발달하기 전부터 배달 문화가 발달했습니다. 대표적인 예시가 바로 배달 음식 문화지요. 그리고 인터넷과 스마트폰이 보급되면서 온라인을 통해 물건을 구입하면 구입한 물건이나 서비스가 금방 배달되는 구조가 갖추어졌습니다. 인터넷 쇼핑은 한국인 삶의 일부가 되었다고 해도 될 정도로 아주 빨리 자리를 잡았습니다.

[중고 물건은 벼룩시장에서만 사고팔 수 있나요?]
아주 오래 전에는 벼룩시장에서 중고 물건들을 사고팔았습니다. 그러나 요즘은 더 간편한 방법이 생겼지요. 인터넷이 보급되면서 각종 인터넷 카페에서 중고 물품을 거래할 수 있게 되었습니다. 그리고 스마트폰이 등장하면서 중고시장, 벼룩시장은 스마트폰 속으로도 들어오게 되었습니다. 요즘 한국 사람들은 스마트폰을 통해 쓰지 않는 물건을 싼값에 팔거나 무료로 나누기도 하고, 아이돌 굿즈로 교환하기도 합니다. 2020년에 중고시장 앱 이용자가 600만 명을 넘은 것을 보면, 중고 거래가 한국 문화 중 하나로 자리 잡은 것이지요.

## 미리 보는 중요 표현

- 그냥 좀 둘러볼게요.

- 가을, 겨울에 입을 수 있는 따뜻한 걸 찾고 있는데요.

- 디자인만 고르시면 사이즈는 찾아 드릴게요.

- 혹시 할인카드나 적립카드 있으세요?

- 5만 원 이상 구매하시면 주차 2시간 무료예요.

- 이 옷을 지난주에 샀는데요, 다른 걸로 바꿀 수 있을까요?

- 핏이 살지 않아서 조금 아쉬운데, 불편한 것보다는 이게 나은 것 같아요.

# 1

## 필요한 거 있으면 말씀 하세요.

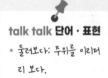

**talk talk 단어 · 표현**

* 둘러보다: 주위를 이리저 리 보다.

---

**직원** ▶ 어서 오세요. 뭐 찾으시는 거 있으세요?
Welcome. What are you looking for?

**프엉** ▶ 아, 그냥 좀 둘러볼게요.
I'm just browsing, thank you.

**직원** ▶ 네, 필요한 거 있으면 말씀해 주세요.
Okay, please let me know if you need anything.

**프엉** ▶ 네, 감사합니다.
Thank you.

**2**

# 안감이
# 기모예요.

**직원** 어서 오세요. 뭐 찾으시는 거 있으세요?
Welcome. What are you looking for?

**유토** 청바지 좀 보려고요.
I want to try on some jeans.

**직원** 어떤 스타일을 원하세요?
What style do you want?

**유토** 특별히 정한 건 없고, 가을, 겨울에 입을
수 있는 따뜻한 걸 찾고 있는데 좀 보여
주세요.
There is no particular style, but I am looking
for something warm to wear in autumn and
winter. Can you help me?

**직원** 네, 이쪽으로 오시겠어요?
Please come this way.

이것들은 좀 도톰한 소재로 만든 거고
요, 여기부터는 안감이 기모예요.
These are made of a rather thick material,
and the fleece lining.

**유토** 조금 더 어두운 색은 없을까요?
Do you have a slightly darker color?

사이즈도 여기는 26만 있는데 한 치수
더 큰 걸로 보고 싶어요.
There is only a size 26 here, I'd like to see
one size larger.

**talk talk 단어 · 표현**

• 스타일: 옷의 모양
• 도톰하다: 두껍다. (≒
  두툼하다)
• 소재: 어떤 것을 만들
  때 쓰는 재료
• 안감: 옷 안쪽의 재료
• 기모: 겨울옷의 안감으
  로 잘 쓰이는 부드럽고
  따뜻한 옷감
• 치수: 옷의 크기나 길이
  (= 사이즈)

**직원** ▶ 다크 그레이이나 차콜, 블랙은 저쪽에 있어요.

Dark gray, charcoal, and black are over there.

디자인만 고르시면 사이즈는 찾아 드릴게요.

Just choose the design you like and we will find the size for you.

**talk talk 단어 · 표현**

• 디자인: 옷이나 제품, 작품, 건축물 등을 쓰기 좋으면서 아름답도록 만드는 것. 또는 그렇게 만들어진 모양

**3**

## 계산 도와
## 드릴까요?

**직원** 결제 도와드리겠습니다.
Would you like to pay?

청바지 하나, 셔츠 하나 하셔서 총 56,000원입니다.
One pair of jeans and one shirt comes to a total of 56,000 won.

혹시 할인카드나 적립카드 있으세요?
Do you have any discount or loyalty cards?

**유토** 아니요, 그냥 결제만 할게요.
No, I'll just pay.

**직원** 쇼핑백 100원인데 혹시 필요하세요?
A shopping bag is 100 won, do you need one?

**유토** 네, 주세요.
Yes, please.

**직원** 그럼 56,100원 결제하겠습니다.
That will be 56,100 won.

여기 카드랑 영수증 받으시고요.
Please take your card and receipt.

교환이나 환불은 옷에 붙은 택 떼지 마시고 영수증 가져오시면 일주일 이내에 가능하세요.
Exchanges and refunds can be made within a week if you bring your receipt and do not remove the tags.

**talk talk 단어 · 표현**
- 결제: 돈을 내고 거래를 마치는 것 (≒ 계산)
- 적립(하다): 모아서 쌓다.
- 쇼핑백: 물건을 담는 종이 가방
- 영수증: 돈이나 물건을 받았다는 것을 나타내는 종이 문서
- 교환(하다): 다른 물건으로 바꾸는 것
- 환불(하다): 구매한 물건을 돌려주고 다시 돈을 받는 것
- 택(tag): 판매 중인 제품에 대한 정보가 들어있는 종이 또는 천 조각. 바른 표기는 태그이다.

**유토** ▶ 네, 그런데 주차는 나갈 때 영수증 보여
주면 되나요?

Okay, can I show my receipt when I leave
to validate parking?

**직원** ▶ 네, 5만 원 이상 구매하시면 주차는 2시
간 무료예요.

Yes, with a purchase of 50,000 won or
more, you get 2 hours free parking.

**감사합니다. 안녕히 가세요.**

Thank you. goodbye.

**직원** 어서 오세요. 뭐 찾으세요?
Welcome. What are you looking for?

**프엉** 이 옷을 지난주에 샀는데, 다른 걸로 바꿀 수 있을까요?
I bought this item last week. Can I exchange it for something else?

**직원** 혹시 상품에 무슨 문제가 있나요?
Is there a problem with the product?

**프엉** 아니요, 사이즈가 좀 작아서요.
No, it's a little small.

여기서 입어 봤을 때는 딱 맞는다고 생각했는데,
When I tried it on here, I thought that it fit perfectly,

집에 가서 입어 보니까 계속 입고 활동하기에는 좀 불편할 것 같더라고요.
but when I went home and tried it on again, I thought it might be a little uncomfortable to wear for a long time.

**직원** 그러셨군요. 구매하신 영수증이 있으시면 일주일 이내에 교환하실 수 있습니다.
I see. If you have the receipt for your purchase, you can exchange it within a week.

지난주 언제 구매하셨지요?
When did you buy it?

# 4

## 혹시 상품에 무슨 문제가 있나요?

**talk talk 단어·표현**
- 상품: 사고파는 물건
- 구매하다: 물건을 사다.

**문법 check!**
- V + -아/어 보니까: 어떤 것을 경험한 후에 그 경험에 대한 생각이나 알게 된 사실을 나타내는 표현

**프엉** 금요일에요.

Last Friday.

**직원** 그럼 가능합니다.

Then it should be fine.

영수증 보여 주시고 한 사이즈 큰 걸로 입어 보시겠어요?

Can you show me the receipt and go try on a bigger size?

**프엉** 네. 그럴게요.

Yes, okay.

**직원** 어떠세요? 잘 맞으시나요?

What do you think? Does it fit well?

**프엉** 네, 핏이 살지 않아서 조금 아쉬운데….

Yeah, but it's a little disappointing that the fit wasn't good.

그래도 불편한 것보다는 이게 나은 것 같아요.

But I think this is better and not as uncomfortable.

이걸로 할게요.

I'll get this one.

**talk talk 단어 · 표현**

- 핏(fit): 옷의 형태
- 핏이 살다: 옷이 몸에 딱 맞아 몸매가 조금 드러나면서 멋있게 보이다.

**직원** 알겠습니다. 갈아입고 나오시면 가져오신 봉투에 담아 드리겠습니다.

Okay. If you exchange it, I'll put it in the bag you brought.

**프엉** 네, 감사합니다.

Okay, thanks.

**talk talk 단어 · 표현**

• 갈아입다: 입고 있던 옷을 벗고 다른 옷으로 바꾸어 입다.

**PART 06-1**

A: 어서 오세요. 뭐 찾으시는 거 있으세요?

B: 아, 그냥 좀 1)_____.

A: 네, 필요한 거 있으면 말씀해 주세요.

B: 네, 감사합니다.


**PART 06-2**

A: 어서 오세요. 뭐 찾으시는 거 있으세요?

B: 청바지 좀 보려고요.

A: 어떤 스타일을 원하세요?

B: 특별히 정한 건 없고, 가을, 겨울에 입을 수 있는 따뜻한 걸 찾고 있는데 좀 보여 주세요.

A: 네, 이쪽으로 오시겠어요? 이것들은 좀 1)_____ 2)_____로 만든 거고요, 여기부터는 3)_____ ___이 4)_____예요.

B: 조금 더 어두운 색은 없을까요? 사이즈도 여기는 26만 있는데 한 5)_____ 더 큰 걸로 보고 싶어요.

A: 다크 그레이나 차콜, 블랙은 저쪽에 있어요. 6)_____
만 고르시면 사이즈는 찾아 드릴게요.


**PART 06-3**

A: 1)_____ 도와드리겠습니다. 청바지 하나, 셔츠 하나
하셔서 총 56,000원입니다. 혹시 할인카드나 2)_____
카드 있으세요?

B: 아니요, 그냥 결제만 할게요.

A: 쇼핑백 100원인데 혹시 필요하세요?

B: 네, 주세요.

A: 그럼 56,100원 결제하겠습니다. 여기 카드랑 3)_____
_____ 받으시고요. 4)_____이나 환불은 옷에 붙은
5)\_\_\_\_\_ 떼지 마시고 영수증 가져오시면 일주일 6)_____
에 가능하세요.

B: 네, 그런데 7)_____는 나갈 때 영수증 보여 주면 되나요?

A: 네, 5만 원 이상 구매하시면 주차는 2시간 8)_____예요.
감사합니다. 안녕히 가세요.

PART 06-4

A: 어서 오세요. 뭐 찾으세요?

B: 이 옷을 지난주에 샀는데, 다른 걸로 바꿀 수 있을까요?

A: 혹시 1)_____에 무슨 문제가 있나요?

B: 아니요, 사이즈가 좀 작아서요. 여기서 입어 봤을 때는 딱 맞는다고 생각했는데, 집에 가서 입어 보니까 계속 입고 활동하기에는 좀 불편할 것 같더라고요.

A: 그러셨군요. 2)_____하신 영수증이 있으시면 일주일 이내에 교환하실 수 있습니다. 지난주 언제 구매하셨지요?

B: 금요일에요.

A: 그럼 가능합니다. 영수증 보여 주시고 한 사이즈 큰 걸로 입어 보시겠어요?

B: 네. 그럴게요.

A: 어떠세요? 잘 맞으시나요?

B: 네, 3)_____이 살지 않아서 조금 아쉬운데…. 그래도 불편한 것보다는 이게 나은 것 같아요. 이걸로 할게요.

A: 알겠습니다. 4)_____ 나오시면 가져오신 봉투
   에 담아 드리겠습니다.

B: 네, 감사합니다.

한국에서 생활하며 들을 수 있는, 알아 두면 쓸모 있는 표현들로 회화 실력 UP!

어서 오세요. 뭐 찾으시는 거 있으세요?

이거 좀 다른 걸로 바꿀 수 있을까요?

네, 혹시 지난주에 사셨나요?

아니요. 한 열흘 정도 된 것 같아요.
너무 오래되어서 바꿀 수 없나요?

아, 그게 아니라 지난주 세일 기간에 구매하신 건 교환이 어려워서요.
세일 기간에 사신 게 아니라면 교환이 가능합니다.

아, 다행이네요.
그럼 이거 한 사이즈 작은 걸로 바꿔 주세요.
신어 보니까 좀 크더라고요.

네, 그럼 240으로 바꿔 드릴게요. 잠시만 기다리세요.
고객님, 정말 죄송합니다. 지금 이 상품은 240 사이즈가 없네요.
같은 디자인의 다른 색상은 사이즈가 있는데 화이트 컬러는 어떠세요?

그래요? 다른 색상은 별로인데….
혹시 좀 기다리면 들어오나요?

죄송합니다만 언제 입고될지는 확실히 말씀드리기가 어렵네요.

그럼 일단 환불해 주시겠어요?

네, 알겠습니다. 정말 죄송합니다.
영수증 주시겠어요?

여기요. 혹시 그 색상으로 240 들어오면 연락 주시겠어요?

네, 꼭 연락드리겠습니다.
연락처를 여기 좀 적어 주시겠어요?

**실력**UP!  단어 · 표현 알아보기 ······································································································

★ 열흘: 10일
★ 입고되다: 물건이 가게에 들어오다.

## 한국 사람들이 한국어를 잘못 쓰고 있어요.

쇼핑을 하러 가서 잘 들어 보면 가게의 점원들이 잘못된 높임말을 사용하는 경우가 많습니다. 다음 표현들을 볼까요?

"지금 다른 사이즈는 없으세요." / "계산 도와드리겠습니다. 모두 5만 6천원이십니다."

높임말은 듣는 사람을 높이는 말이라고 배웠지요? 그런데 이런 문장은 물건이나 가격에게 높임말을 쓰고 있어서 문법적으로 틀린 표현입니다. 이 문장을 바르게 고친 문장을 봅시다.

"지금 다른 사이즈는 없습니다." / "계산 도와드리겠습니다. 모두 5만 6천원입니다."

한국 사람들은 왜 잘못된 높임말을 쓰는 걸까요? 그 이유는 점원들이 잘못된 높임말로 고객들에게 더 존중받는다는 느낌을 주기 위해서입니다. 한국인들은 이런 상황에서는 문법적으로 틀린 문장을 사용해도 별로 신경 쓰지 않습니다. 그러니까 한국 사람이 이렇게 틀린 문장을 사용하더라도 틀렸다고 말해 주지는 마세요. 많은 한국인들이 이 문장이 틀렸다는 것을 알면서도 쓸 수밖에 없는 경우가 더 많답니다.

## 이 말은 한국어예요, 외국어예요? 무슨 말인지 모르겠어요.

여러분은 옷을 구경하면서 당황해 본 적이 있나요? 인터넷 쇼핑몰이나 백화점, 옷가게에 가서 쉽게 마주칠 수 있는 외국어 표현들입니다. 한국어로도 충분히 표현할 수 있는 단어들은 한국어로 표현하면 더 좋겠지요?

## 색깔을 나타내는 외래어 표현

| 한글 표기 | 외국어 표기 | 한국어 |
|---|---|---|
| 차콜<br>(다크그레이) | charcoal<br>(dark gray) | 짙은 회색(암회색) |
| 네이비 | navy | 남색 |
| 와인 | wine | 자주색 |
| 아이보리 | ivory | 상아색 |
| 카키 | khaki | 녹두색(국방색) |
| 베이지 | beige | 황갈색 |
| 브라운 | brown | 갈색 |
| 소라(색) | 空(そら)+色 | 하늘색(연한 푸른색) |

## 옷의 모양, 소재를 나타내는 단어

| 한글 표기 | 외국어 표기 | 의미 |
|---|---|---|
| 기모 | 起毛(きもう) | 따뜻하고 부드러운 안감 |
| 융 | 絨 | 1. 안경을 닦는 천처럼 부드러운 옷감<br>2. 겨울옷에 한하여 털옷과 비슷한 느낌의 안감 |
| 시보리 | 絞リ(しぼリ) | 손목이나 발목 부분이 탄력 있게 조이는 디자인 |
| 퍼프 소매 | puff-소매 | 어깨 끝이나 소매 끝에 주름을 넣어 약간 부풀게 한 소매 |

MP3 07

# 병원에서 진료받기

1 어디가 불편하세요?

2 뼈에 문제가 생겼을 수도 있어요.

3 처방전을 가지고 약국에 가서 약을 받으세요.

4 검사 결과는 나왔어요?

## 알아 두면 쓸모 있는 한국 문화

[한국의 병원비는 어때요? 비싼가요?]

한국 사람들이 생각할 때 한국의 병원비는 저렴한 편입니다. 진짜로 한국의 병원비가 싼 것은 아니지만 한국 사람들 대부분이 건강보험이 있기 때문에 싸다고 느끼는 것입니다. 그러면 한국에 사는 외국인들은 어떨까요? 외국인들도 한국에서 건강보험에 가입할 수 있을까요? 네, 맞습니다. 한국에서 6개월 이상 살면 자동으로 건강보험(지역)에 가입됩니다. 그리고 유학생(D-2, D-4 비자)이나 결혼이민자(F-6 비자)는 입국 후에 바로 건강보험에 가입이 됩니다. 한국에 사는 외국인들도 건강보험을 통해 한국의 의료 서비스를 저렴한 가격에 이용할 수 있습니다.

- 넘어진 건 아니고, 계단에서 삐었어요.

- 혹시 저희 병원 처음이세요?

- 신발 벗고 올라가시면 됩니다.

- 엑스레이 촬영을 한번 해 봐야 할 것 같네요.

- 약국에 가셔서 처방전을 내면 약사 선생님이 약을 줄 거예요.

- 건강검진받으러 다녀왔어요.

- 결과 나오면 얘기해 줄게요.

# 1

## 어디가 불편하세요?

**간호사▶** 어서 오세요. 어디가 불편해서 오셨어요?
Hello. Where does it hurt?

**케빈▶** 발목을 다쳐서요.
I hurt my ankle.

**간호사▶** 넘어지셨어요?
Did you fall?

**케빈▶** 넘어진 건 아니고, 계단에서 삐었어요.
I didn't fall, but I sprained it on the stairs.

**간호사▶** 아, 그랬군요. 많이 아프시겠어요.
I see. It must hurt a lot.

혹시 저희 병원 처음이세요?
Is this your first time at our hospital?

**케빈▶** 네.
Yes.

**간호사▶** 그럼 이것 좀 작성해 주시겠어요?
Then can you fill this out?

성함과 연락처 써 주시면 됩니다.
Please write your name and contact number.

성함은 한글로 적어 주실 수 있으세요?
Can you write your name in Korean?

**talk talk 단어 · 표현**
- 발목: 다리와 발의 연결 부분
- 삐다: 팔, 다리, 허리 등이 꺾여 뼈나 인대에 문제가 생기다.
- 성함: 이름의 높은 말

**케빈** ▶ 네, 이렇게 쓰면 되나요?

Do I write it like this?

**간호사** ▶ 네, 감사합니다. 잠시 앉아 계시면 이름 불러 드릴게요.

Yes, thank you. Sit down for a while, I'll call your name.

# 2

## 뼈에 문제가 생겼을 수도 있어요.

**talk talk 단어 · 표현**
- 접질리다: 심하게 충격을 받아서 뼈나 인대에 문제가 생기다. (= 삐다)

**문법 check!**
- A/V + -(으)ㄹ 줄 알다: 어떤 사실에 대해 알고 있거나 그렇게 생각할 때 쓰는 말

---

**의사** ▶ 어서 오세요. 어떻게 오셨어요?

Welcome. What brings you here?

**케빈** ▶ 발목을 접질렸어요. 시간 지나면 괜찮아질 줄 알았는데, 계속 아프네요.

I sprained my ankle, and I thought it would get better with time, but it still hurts.

**의사** ▶ 저런, 언제 다치셨어요?

Oh no. When did you sprain it?

**케빈** ▶ 3일 전에요.

3 days ago.

계단을 내려오다가 삐었어요.

I sprained it while going down the stairs.

**의사** ▶ 그랬군요. 여기 한번 누워 보시겠어요?

I see. Could you lie down here?

신발 벗고 올라가시면 됩니다.

Just take off your shoes and get on the bed.

**케빈** ▶ 아!

Ouch!

**의사** ▶ 에구, 조금만 움직여도 아프시군요.

Oh my, it hurts even if you only move a little.

뼈에 문제가 생겼을 수도 있으니까 엑스
레이 촬영을 한번 해 봐야 할 것 같네요.

There may be a problem with your bones,
so I think we should get you an x-ray.

**케빈** ▶ 발목뼈가 부러져도 걸을 수가 있나요?

Can I walk with a broken ankle?

**의사** ▶ 뼈에 금이 가면 걸을 수는 있는데 통증
이 오래 가거든요.

If the bones are cracked, you can walk, but
the pain will last for a long time.

잘못 붙으면 계속 문제가 될 수도 있고요.

If it heals incorrectly, it may continue to be
a problem.

저쪽으로 가시겠어요? 촬영실로 안내
해 드릴 거예요.

Please go over there and the nurse will show
you to the x-ray room.

**케빈** ▶ 네.

Okay.

**talk talk 단어 · 표현**

• 뼈: 살 아래에 있으여
  몸을 지탱하는 단단한
  물질

• 엑스레이(x-ray) 촬영:
  x-선을 이용하여 물체,
  신체의 내부를 찍는 것

• 금이 가다: 갈라져서
  깨진 흔적이 생기다.

• 통증: 아픔을 느끼는 것

# 3

## 처방전을 가지고 약국에 가서 약을 받으세요.

**talk talk 단어 · 표현**

- 처방전: 치료에 대한 내용과 주는 약에 대한 내용을 쓴 종이
- 보험: 미리 돈을 적립해서 큰일이 생기는 경우를 대비하는 것

---

**간호사** 케빈 씨, 여기 처방전이고요, 모두 5,200원입니다.

Kevin, here is your prescription, it's 5,200 won in total.

**케빈** 네, 여기 있습니다.

Thanks, here you go.

그런데 약은 안 주시나요?

But don't you give me the medicine?

의사 선생님이 약 3일 치를 주신다고 했는데요.

The doctor said he would give me about 3 days.

**간호사** 아, 약은 여기서 안 드리고요, 이 밑에 약국에서 살 수 있어요.

We don't give you the medicine here, you can buy it at the pharmacy down there.

약국에 가셔서 처방전을 내면 약사 선생님이 약을 주실 거예요.

If you go to the pharmacy and give your prescription, the pharmacist will give you the medicine.

**케빈** 아, 그렇군요. 알겠습니다. 그런데 혹시 이거 보험 처리가 되나요?

Okay, I see. By the way, is this covered by my insurance?

유학생 보험이 있는데요.

I have insurance for international students.

**간호사** 혹시 저희 병원에서 그 보험이 되는지
확인해 보셨나요?

Have you checked to see if our hospital is
covered by that insurance?

**케빈** 네, 유학생 사무실에서 이 병원에 가면
보험이 된다고 했어요.

Yes, the international student office said
that if I go to this hospital, I can use the
insurance.

**간호사** 아, 그럼 지금 바로 확인해 볼게요.

Then I'll check for you now.

talk talk **단어 · 표현**
• 사무실: 주로 책상에서
업무를 다루는 일을 하
는 방

# 4

## 검사 결과는 나왔어요?

**유빈** 제니 씨, 어제 병원에 갔다 왔다면서요?

Jenny, I heard you went to the hospital yesterday?

어디 아파요?

Are you sick?

**제니** 아니요, 건강검진받으러 다녀왔어요.

No, I went for a health check-up.

**유빈** 아, 그랬군요. 저는 제니 씨가 아픈 줄 알고 많이 걱정했어요.

I see. I was really worried because I thought that you were sick.

**제니** 그래요? 그렇게 걱정되는데 왜 전화 안 했어요?

Really? If you were so worried, why didn't you call me?

카톡이라도 보내지.

You could have sent me a Kakao Talk.

**유빈** 제가 제니 씨 좋아하는 걸 들킬까 봐 안 했죠.

I didn't send a Kakao Talk because I was afraid that you'd realise how much I like you.

그런데 검사 결과는 나왔어요?

Did you get the results?

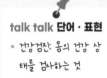

**talk talk 단어 · 표현**

• 건강검진: 몸의 건강 상태를 검사하는 것

**문법 check!**

• V + -(으)ㄹ까 봐: '어떤 일이 생길 것 같아서'라는 뜻으로 주로 걱정하는 상황에서 쓰는 표현

## 괜찮다고 해요?

Is everything okay?

**제니▶** 네, 내시경 검사 결과는 바로 나왔어요.

Yes, the endoscopy results came out right away.

용종이 하나 있었는데 그건 제거했고요, 다른 문제는 없다고 하더라고요.

There was a polyp in my intestine but it was removed and there were no other problems.

**유빈▶** 다행이네요. 물론 하나도 없었으면 더 좋았겠지만요.

Oh, that's good. Of course, it would have been better if there had been no polyp.

다른 데는 다 건강하대요?

Everything else was okay?

**제니▶** 다른 검사 결과는 시간이 좀 걸린대요.

The other test results will take a while.

일주일 후에 나올 거예요. 결과 나오면 얘기해 줄게요.

They will take a week, but I'll tell you when they come out.

**talk talk 단어 · 표현**
- 용종: 몸속 기관에 생기는, 약간 튀어나온 부분. 병의 원인이 된다.
- 제거하다: 없애다.

**PART 07-1**

A: 어서 오세요. 어디가 불편해서 오셨어요?

B: 1)_____을 다쳐서요.

A: 넘어지셨어요?

B: 넘어진 건 아니고, 계단에서 2)_____.

A: 아, 그랬군요. 많이 아프시겠어요. 혹시 저희 병원 처음이세요?

B: 네.

A: 그럼 이것 좀 작성해 주시겠어요? 3)_____과 연락처 써 주시면 됩니다. 성함은 한글로 적어 주실 수 있으세요?

B: 네, 이렇게 쓰면 되나요?

A: 네, 감사합니다. 잠시 앉아 계시면 이름 불러 드릴게요.

**PART 07-2**

A: 어서 오세요. 어떻게 오셨어요?

B: 발목을 1)_____. 시간 지나면 괜찮아질 줄 알았는데, 계속 아프네요.

A: 저런, 언제 다치셨어요?

B: 3일 전에요. 계단을 내려오다가 삐었어요.

A: 그랬군요. 여기 한번 누워 보시겠어요? 신발 벗고 올라가시면 됩니다.

B: 아!

A: 에구, 조금만 움직여도 아프시군요. 2)_____에 문제가 생겼을 수도 있으니까 3)_____을 한번 해 봐야 할 것 같네요.

B: 발목뼈가 부러져도 걸을 수가 있나요?

A: 뼈에 4)_____ 걸을 수는 있는데 5)_____이 오래 가거든요. 잘못 붙으면 계속 문제가 될 수도 있고요. 저쪽으로 가시겠어요? 촬영실로 안내해 드릴 거예요.

B: 네.

**PART 07-3**

A: 케빈 씨, 여기 1)_____이고요, 모두 5,200원입니다.

B: 네, 여기 있습니다. 그런데 약은 안 주시나요? 의사 선생님이
약 3일 치를 주신다고 했는데요.

A: 아, 약은 여기서 안 드리고요, 이 밑에 약국에서 살 수 있어요.
약국에 가셔서 처방전을 내면 약사 선생님이 약을 주실 거예요.

B: 아, 그렇군요. 알겠습니다. 그런데 혹시 이거 2)_____
처리가 되나요? 유학생 보험이 있는데요.

A: 혹시 저희 병원에서 그 보험이 되는지 확인해 보셨나요?

B: 네, 유학생 3)_____ 에서 이 병원에 가면 보험이 된다
고 했어요.

A: 아, 그럼 지금 바로 확인해 볼게요.

**PART 07-4**

A: 제니 씨, 어제 병원에 갔다 왔다면서요? 어디 아파요?

B: 아니요, 1)_____ 받으러 다녀왔어요.

A: 아, 그랬군요. 저는 제니 씨가 아픈 줄 알고 많이 걱정했어요.

B: 그래요? 그렇게 걱정되는데 왜 전화 안 했어요? 카톡이라도
보내지.

A: 제가 제니 씨 좋아하는 걸 2) _____ 안 했죠. 그런데 검사 결과는 나왔어요? 괜찮다고 해요?

B: 네, 내시경 검사 결과는 바로 나왔어요. 용종이 하나 있었는데 그건 3) _____ 했고요, 다른 문제는 없다고 하더라고요.

A: 다행이네요. 물론 하나도 없었으면 더 좋았겠지만요. 다른데는 다 건강하대요?

B: 다른 검사 결과는 시간이 좀 걸린대요. 일주일 후에 나올 거예요. 결과 나오면 얘기해 줄게요.

**정답** ⋯⋯⋯⋯⋯⋯⋯⋯⋯⋯⋯⋯⋯⋯⋯⋯⋯⋯⋯⋯⋯⋯⋯⋯⋯⋯⋯⋯⋯⋯⋯⋯⋯⋯⋯⋯⋯⋯⋯⋯⋯⋯

| **PART 07-1** | **PART 07-2** | **PART 07-3** | **PART 07-4** |
|---|---|---|---|
| 1) 발목 | 1) 접질렸어요 | 1) 처방전 | 1) 건강검진 |
| 2) 삐었어요 | 2) 뼈 | 2) 보험 | 2) 들킬까 봐 |
| 3) 성함 | 3) 엑스레이 촬영 | 3) 사무실 | 3) 제거 |
| | 4) 금이 가면 | | |
| | 5) 통증 | | |

한국에서 생활하며 들을 수 있는, 알아 두면 쓸모 있는 표현들로 회화 실력 UP!

여기 진료비세부내역서와 영수증입니다.

보험 처리를 하려고 하는데, 어떤 서류가 필요할까요?

건강보험 말씀하시는 건가요?
이 금액이 건강보험이 적용된 거예요.

아니, 건강보험 말고, 제가 따로 보험이 있거든요.

아, 그러세요? 어떤 서류가 필요하시죠?

보험사에 제출할 서류를 좀 챙겨 주시겠어요?

필요한 서류가 다 달라서요.
먼저 보험 설계사에게 연락해서 물어본 다음에 말씀해 주시면
준비해 드리겠습니다.

아, 그렇군요.

보통 보험료 청구할 때는 방금 드린 진료비세부내역서와
영수증만 있으면 되는데요, 혹시 모르니까 한번 물어보세요.

네, 그럼 제가 전화해서 물어본 다음에 다시 말씀드릴게요.

보험사에 전화할 때 필요한 서류하고 팩스 번호를 메모해서
저에게 주시면 더 좋을 것 같아요.
그러면 환자분이 신경 안 쓰셔도 바로 전달될 수 있으니까요.

네, 그렇게 할게요. 감사합니다.

**실력 UP!** 단어 · 표현 알아보기 ·······

★ 진료비세부내역서: 병원비의 자세한 내용을 쓴 문서
★ 제출하다: 서류, 문서, 보고서 등을 내다.
★ 보험 설계사: 보험 상품을 소개 · 안내하고 보험료를 받을 수 있게 도와주는 사람
★ 전달하다: 물건이나 소식을 다른 사람이나 기관에게 주다.

# 말랑말랑 찰떡TIP!

## 건강이 최고예요!

여러분에게 가장 중요한 것은 무엇입니까? 사랑, 우정, 가족, 꿈, 돈…. 모두 다 우리 삶에서 아주 중요한 것들입니다. 하지만 건강을 잃으면 모든 것을 잃게 된다는 것, 여러분도 잘 알고 있지요? 이렇게 "세상에 아주 중요한 것들이 많이 있지만 그 중에서 건강이 가장 중요하다."라는 말을 짧게 줄여서 '건강이 최고'라고 표현합니다.

그리고 "이것도 중요하고 저것도 중요하지만 건강이 가장 중요하다"라는 뜻으로 "뭐니 뭐니 해도 건강이 최고지요."라고 말하기도 합니다. 여러분, 항상 건강하세요. 건강이 최고니까요.

## 이때는 어느 병원으로 가야 해요?

| | | | |
|---|---|---|---|
| • 감기에 걸렸을 때<br>• 배가 아플 때 | 내과 | • 눈이 아플 때 | 안과 |
| • 몸에 상처가 났을 때<br>• 수술을 해야 할 때 | 외과 | • 어린이나 청소년이 아플 때 | 소아청소년과 |
| • 피부병이 생겼을 때 | 피부과 | • 신경에 문제가 생겼을 때 | 신경외과 |
| • 귀, 코, 목구멍에 문제가 있을 때 | 이비인후과 | • 임신, 출산을 할 때 | 산부인과 |
| • 뼈, 인대를 다쳤을 때 | 정형외과 | • 생식기관 및 방광이 아플 때 | 비뇨기과 |
| • 이(치아)가 아플 때 | 치과 | • 상처를 교정해야 할 때<br>• 기능 장애 회복을 위해<br>• 외모 개선을 위해 | 성형외과 |

메모

# PART
# 08

📢 MP3 08

# 약국에서 약 사기

**1** 어디가 불편하세요?

**2** 하루 세 번 식후에 드세요.

**3** 딱지 위에 연고를 바르세요.

**4** 병원에 가 보셔야 할 것 같아요.

---

**알아 두면 쓸모 있는 한국 문화**

[아플 때만 약을 사나요?]

저는 지금 아픈 곳이 없지만 집에는 여러 가지 약이 있습니다. 감기에 걸렸을 때 먹을 수 있는 감기약, 밥을 너무 많이 먹어서 배가 아플 때 먹는 소화제, 이런 것들을 미리 사 두었거든요. 이렇게 지금은 아프지 않아서 약이 필요 없지만 필요할 때 바로 먹을 수 있도록 미리 준비해 놓는 약을 '상비약'이라고 합니다.

상비약에는 어떤 것들이 있을까요? 앞에서 말한 감기약, 소화제 외에도 통증이 심할 때 먹는 진통제(두통약), 열이 심할 때 먹는 해열제, 설사를 계속 할 때 먹는 지사제, 피부에 난 상처를 치료하기 위한 소독약과 연고 등이 있습니다. 여러분이 항상 건강해서 약이 필요 없으면 좋겠지만 그래도 혹시 모르니까 약국에 가서 상비약을 사 두는 것이 좋겠지요?

## 미리 보는 중요 표현

- 증상이 어때요?

- 기침이랑 가래도 좀 심한 편이에요.

- 점심에 먹을 약은 표시를 해 뒀어요.

- 꼭 밥 먹은 다음에 약을 먹어야 해요?

- 넘어져서 얼굴과 팔이 긁혔는데요.

- 딱지가 생기긴 했는데 진물이 조금씩 나더라고요.

- 병원에 가서 진찰을 받아 봐야 할 것 같아요.

- 진찰부터 받고 처방전 들고 오시면 약을 드릴게요.

# 어디가
# 불편하세요?

**약사** ▶ 어서 오세요.

Hello.

**제니** ▶ 저, 감기에 걸렸는데요.

I have a cold.

**약사** ▶ 네, 증상이 어때요?

I see, what are your symptoms?

**제니** ▶ 네?

Pardon?

**약사** ▶ 어디가 불편하세요?

What can I do for you?

기침을 한다든지, 열이 난다든지, 뭐 그런 거요.

Do you have a cough, a fever, or anything?

**제니** ▶ 아, 열도 나고요, 기침이랑 가래도 좀 심한 편이에요.

I have a fever, a cough and a lot of phlegm.

콧물은 거의 안 나요.

I almost never have a runny nose.

**약사** ▶ 몸살은 없으세요?

Do you have any body aches?

근육이 아프지 않아요?

Do your muscles hurt?

**제니** ▶ 네, 그건 괜찮아요.

No.

**2**

# 하루 세 번 식후에 드세요.

**약사** ▶ 어서 오세요. 어떻게 오셨어요?
Hello, how may I help you?

**케빈** ▶ 방금 병원에 다녀왔는데요. 여기 처방전이요.
I've just been to the hospital. Here's the prescription.

**약사** ▶ 네, 잠시만 기다리세요.
okay, please wait a minute.

케빈 님, 약 나왔습니다.
Kevin, here's your medicine.

약은 3일 치고요, 하루 세 번 식후에 드시면 돼요.
It's for three days, you should take it three times per day after meals.

아침과 저녁은 상관없고요, 점심에 먹을 약은 표시를 해 뒀어요.
The breakfast and dinner medicine is the same, but the medicine for lunch is marked.

점심 약만 구별해서 드시면 돼요.
The lunch medicine is different.

**케빈** ▶ 네, 그런데 꼭 밥 먹은 다음에 약을 먹어야 해요?
Thanks. Do I really have to take the medicine after eating?

---

**문법 check!**
- [기간] + 치: 어떤 기간 동안의 일정한 양

**talk talk 단어 · 표현**
- 식후: 식사 후, 밥을 먹은 다음
- 구별하다: 종류에 따라서 나누다.

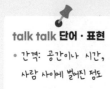

**talk talk 단어 · 표현**
* 간격: 공간이나 시간, 사람 사이에 벌어진 정도

**약사** 아니요, 5시간 간격으로 드시면 되는데,
No, actually you can take it every 5 hours,

**따로 시간 체크하기가 힘드니까 식후에 드시라고 하는 거예요.**
but it's easier to remember to take it at meal times.

**케빈** 아, 그렇군요. 알겠습니다. 감사합니다.
I see. All right. Thank you.

## 3

**약사** 어서 오세요. 뭐가 필요하세요?

Hello. How can I help?

**프엉** 우리 애가 넘어져서 얼굴과 팔이 긁혔는데요.

My child fell and scratched their face and arm.

**약사** 그렇군요. 상처가 심한가요?

I see. Are the wounds serious?

**프엉** 네, 좀 심한 편이에요.

Yes, they are quite bad.

딱지가 생기긴 했는데 진물이 조금씩 나더라고요.

They have scabbed, but the blood is still coming out.

**약사** 그럼 소독부터 해야겠네요.

You should disinfect the wounds first.

제가 소독약이랑 연고를 드릴게요.

I'll give you disinfectant and ointment.

소독을 하시고 어느 정도 마르면 딱지 위에 연고를 발라 주시면 됩니다.

After disinfecting and drying them to a certain extent, apply ointment over the scabs.

**프엉** 밴드도 하나 주시겠어요?

Could you give me band-aids?

## 딱지 위에 연고를 바르세요.

**talk talk 단어 · 표현**

- 긁히다: 뾰족한 것이 피부나 표면에 문질러져서 다치다.
- 딱지: 상처에서 피나 진물이 나와 말라붙어 생기는 껍질
- 진물: 상처에서 흐르는 피가 아닌 물
- 소독: 세균을 죽여서 다친 곳을 깨끗하게 하는 것
- 연고: 피부에 바르는 약
- 밴드: 상처가 난 피부에 붙이는 천이나 테이프 (= 반창고)

**문법 check!**

- '르' 불규칙: '르' + '-아/어 → ㄹ + -라/러

빠르다 → 빨라요

다르다 → 달라요

오르다 → 올라요

배부르다 → 배불러요

바르다 → 발라요

짓무르다 → 짓물러요

**talk talk 단어 · 표현**

• 외출(하다): 볼일을 보
러 집 밖으로 나가다.

• 짓무르다: 피부에 계속
습기가 있어서 문제가
생기다.

**약사** 네, 그런데 집에 있을 때는 밴드 붙이지
마시고, 외출할 때만 붙이세요.

Yes, but don't put the band-aids on when
the child is at home, only put them on when
the child goes out.

밴드를 계속 붙이고 있으면 짓무를 수
있거든요.

Taking them on and off can sting.

**프엉** 네, 알겠습니다.

All right.

**유토** 저, 몸이 안 좋아서 왔는데요. 열도 좀 나고요.

Hello, I'm not feeling well. I have a fever.

감기약이랑 해열제 좀 주세요.

I'd like some cold medicine and a fever reducer.

**약사** 언제부터 그러셨지요?

When did it start?

**유토** 어제 저녁부터 으슬으슬 추웠는데, 자고 일어났더니 더 심해졌어요.

I've felt shivery since last night, but it got worse after I woke up.

**약사** 그런데 손님, 몸이 많이 안 좋아 보이는데요.

Sir, you don't look very well.

너무 힘들어 보여요.

I think you must feel awful.

**유토** 네, 많이 힘드네요.

Yes, I'm exhausted.

여기까지 걸어오는 것도 힘들었어요.

It was difficult to even walk here.

**약사** 저런, 그 정도면 일단 열을 좀 재 볼게요.

Oh, I'll take your temperature first.

# 4

## 병원에 가 보셔야 할 것 같아요.

### talk talk 단어·표현

- 해열제: 몸의 열을 내리게 하는 약
- 으슬으슬: 차가운 느낌이 계속 있는 모양

### 문법 check!

- A + -어/아 보이다: 겉으로 볼 때 앞말의 감정이나 상태로 느껴지거나 짐작될 때 사용하는 말

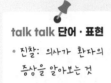
**유토** 네.
Okay.

**약사** 38.1℃네요. 제가 볼 때는 병원에 가서 진찰을 받아 봐야 할 것 같아요.
It's 38.1℃. I think you should go to the hospital and get a check up.

지금 빨리 병원에 가 보세요.
I think you should go to the hospital right now.

**유토** 네, 그런데 근처에 병원이 어디에 있지요?
Is there a hospital nearby?

**약사** 이 건물 3층에 있어요.
There is one on the third floor of this building.

나가서 바로 오른쪽에 엘리베이터가 있어요.
There's an elevator on the right after you go out.

먼저 진찰부터 받고 처방전 들고 오시면 약을 드릴게요.
Go to the doctor first and then bring your prescription, I'll give you the medicine.

**유토** 네, 감사합니다. 그럼 이따가 올게요.
Thank you. I'll come back later.

**PART 08-1**

A: 어서 오세요.

B: 저, 감기에 걸렸는데요.

A: 네, 1)_____이 어때요?

B: 네?

A: 어디가 불편하세요? 2)_____을 한다든지, 3)_____이 난다든지, 뭐 그런 거요.

B: 아, 열도 나고요, 기침이랑 4)_____도 좀 심한 편이에요. 5)_____은 거의 안 나요.

A: 6)_____은 없으세요? 7)_____이 아프지 않아요?

B: 네, 그건 괜찮아요.

**PART 08-2**

A: 어서 오세요. 어떻게 오셨어요?

B: 방금 병원에 다녀왔는데요. 여기 1)_____이요.

A: 네, 잠시만 기다리세요.

케빈 님, 약 나왔습니다. 약은 3일 2)_____고요, 하루 세 번

3)_____에 드시면 돼요. 아침과 저녁은 상관없고요,

점심에 먹을 약은 4)_____를 해 뒀어요. 점심 약만

5)_____해서 드시면 돼요.

B: 네, 그런데 꼭 밥 먹은 다음에 약을 먹어야 해요?

A: 아니요, 5시간 6)_____으로 드시면 되는데, 따로 시

간 체크하기가 힘드니까 식후에 드시라고 하는 거예요.

B: 아, 그렇군요. 알겠습니다. 감사합니다.

**PART 08-3**

A: 어서 오세요. 뭐가 필요하세요?

B: 우리 애가 넘어져서 얼굴과 팔이 1)_____.

A: 그렇군요. 2)_____가 심한가요?

B: 네, 좀 심한 편이에요. 3)_____가 생기긴 했는데

4)_____이 조금씩 나더라고요.

A: 그럼 소독부터 해야겠네요. 제가 소독약이랑 연고를 드릴게
요. 소독을 하시고 어느 정도 마르면 딱지 위에 5)_____
____를 6)_____ 주시면 됩니다.

B: 밴드도 하나 주시겠어요?

A: 네, 그런데 집에 있을 때는 7)_____ 붙이지 마시고,
외출할 때만 붙이세요. 밴드를 계속 붙이고 있으면 짓무를
수 있거든요.

B: 네, 알겠습니다.


PART 08-4

A: 저, 몸이 안 좋아서 왔는데요. 열도 좀 나고요. 감기약이랑 1)____
_____ 좀 주세요.

B: 언제부터 그러셨지요?

A: 어제 저녁부터 2)_____ 추웠는데, 자고
일어났더니 더 심해졌어요.

B: 그런데 손님, 몸이 많이 안 좋아 보이는데요. 너무 힘들어 보
여요.

A: 네, 많이 힘드네요. 여기까지 걸어오는 것도 힘들었어요.

B: 저런, 그 정도면 일단 열을 좀 재 볼게요.

A: 네.

B: 38.1℃네요. 제가 볼 때는 병원에 가서 3)＿＿＿＿＿＿을 받아 봐야 할 것 같아요. 지금 빨리 병원에 가 보세요.

A: 네, 그런데 근처에 병원이 어디에 있지요?

B: 이 건물 3층에 있어요. 나가서 바로 오른쪽에 엘리베이터가 있어요. 먼저 진찰부터 받고 처방전 들고 오시면 약을 드릴게요.

A: 네, 감사합니다. 그럼 이따가 올게요.

---

**정답**

| PART 08-1 | PART 08-2 | PART 08-3 | PART 08-4 |
|---|---|---|---|
| 1) 증상 | 1) 처방전 | 1) 긁혔는데요 | 1) 해열제 |
| 2) 기침 | 2) 치 | 2) 상처 | 2) 으슬으슬 |
| 3) 열 | 3) 식후 | 3) 딱지 | 3) 진찰 |
| 4) 가래 | 4) 표시 | 4) 진물 | |
| 5) 콧물 | 5) 구별 | 5) 연고 | |
| 6) 몸살 | 6) 간격 | 6) 발라 | |
| 7) 근육 | | 7) 밴드 | |

한국에서 생활하며 들을 수 있는, 알아 두면 쓸모 있는 표현들로 회화 실력 UP!

어서 오세요. 어떤 거 찾으세요?

요즘 계속 소화가 안 돼서요.

그러세요? 언제부터 그러셨어요?

지금 한국에 온 다음부터 계속 그러네요.
적응이 되면 좀 괜찮아질 줄 알았는데 계속 안 좋아서요.

그렇군요. 한국에 오신지는 얼마나 되셨죠?

6개월 정도 됐어요.
밥을 먹으면 배가 아프고 가스가 차요.
화장실도 자주 가는 편이에요.

정말 오랫동안 고생하셨네요.
일단 소화에 도움이 되는 약을 드려 볼게요.

네, 알겠습니다.
오랫동안 먹어야 될까요?

아니에요. 이 약은 오래 먹으면 안 좋아요.
약에 너무 의지하게 돼서 위장이 약해질 수도 있거든요.

한국에서 생활하며 들을 수 있는, 알아 두면 쓸모 있는 표현들로 회화 실력 UP!

네, 알겠습니다.

우선 일주일 치를 드릴 테니까 약을 드시면서
어떤 음식을 먹을 때 가장 불편한지 잘 보세요.
먹었을 때 괜찮은 음식도 체크해 보시고요.

네, 알겠습니다. 언제 먹으면 돼요?

식사 후에 드시면 소화하는 데 도움이 될 거예요.
일주일 후에도 증상이 그대로면 다시 오시고요.
좀 괜찮아지면 약은 그만 드시고 음식을 조심해서 드시면 돼요.

네, 감사합니다.

아, 맵고 짠 음식, 그리고 찬 음식은 피하시고요.

**실력 UP!** 단어 · 표현 알아보기 ·······················································

★ 소화: 음식을 먹고 나서 몸 안에서 흡수되는 것
★ 적응: 조건이나 환경에 익숙해지는 것
★ 의지하다: 도움을 받다.
★ 위장: 몸속의 위와 대장과 소장 (≒ 소화기관)

## 의사에게 의사님이라고 하면 안 돼요?

병원에 가면 의사와 간호사가 있고 약국에 가면 약사가 있습니다. 그 사람들을 부를 때는 어떻게 부르면 좋을까요? 보통 어떤 직업에 '님'을 붙이면 예의 바른 말이 됩니다. 그래서 간호사를 간호사님, 약사를 약사님이라고 부르면 됩니다. 그런데 의사를 부를 때는 의사님이라고 하면 안 됩니다. 의사님은 한국 사람들이 절대 사용하지 않는 아주 이상한 말이에요. 그러면 어떻게 부르면 될까요? 의사는 의사 선생님이라고 부르면 됩니다.

아, 그리고 집주인에게 '주인님'이라고 부르면 절대 안 됩니다. 주인님은 옛날 옛날에 노예(slave)가 주인(lord)를 부르는 말이거든요. 집주인은 주인 아저씨(아줌마)라고 부르면 됩니다. 한국 사람들은 집주인을 부를 때 '사장님'이라는 호칭도 많이 씁니다.

## '치'하고 '어치'하고 뭐가 달라요?

월급은 한 달 동안 일한 것에 대해서 받는 돈입니다. 그것을 '한 달 치 급여'라고 표현할 수 있는데요, 여기에서 '치'는 주로 '어떤 기간 동안의 어느 정도의 양'을 말합니다. '치'는 여러 분야에서 사용할 수 있는데, 회사가 직원에게 주는 돈과 약국에서 주는 약의 양을 나타낼 때 가장 자주 씁니다. 예를 들어 어떤 사람이 하루 동안 아르바이트를 하면 하루치 돈을 받는데 이것을 일급 또는 일당이라고 하지요. 만약 삼 일을 일했다면 '삼 일 치 돈'을 받게 되지요. 그리고 앞에서 말한 월급은 한 달 치 급여고요, 연봉은 일 년 치 급여입니다.

그런데 여러분은 시장이나 가게에서 '어치'라는 말도 많이 들었을 거예요. 과일 가게에서 '귤을 10개 주세요.'라고 하기도 하지만 '귤 만 원어치 주세요'라는 말도 많이 합니다. '어치'는 '일정한 값(돈)으로 바꿀 수 있는 양'을 나타내는 말입니다. 그래서 '어치'는 항상 가격과 같이 씁니다. 만 원어치, 오천 원어치…'이런 식으로 쓰면 되지요.

[기간] + 치 & [가격] + -어치

# PART

# 09

🔊 MP3 09

# 우체국에서
# 우편물 접수하기

**1** 길면 2주 정도 걸려요.

**2** 빠른 등기로 해 주세요.

**3** 영수증은 모바일로 받을게요.

**4** 저도 옛날 감성이 좋아요.

## 알아 두면 쓸모 있는 한국 문화

[우편물을 접수하는 여러 가지 방법]

여러분은 우체국에 자주 가세요? 우체국에서 편지를 보내 본 적이 있나요? 요즘은 편지를 보내는 사람들이 많지 않아서 보통은 서류를 보내러 우체국에 갈 거예요. 우체국에 가면 "어떻게 보내실 거예요?" 또는 "어떻게 보내 드릴까요?"라는 질문을 받게 됩니다. 한국 사람에게도 어려운 이 질문에는 과연 어떻게 대답해야 할까요? 세 가지 중에서 선택하시면 돼요. 먼저 '일반우편'이 있는데요, 이것은 그냥 기본 우편이라고 생각하면 돼요. 가장 싸고 가장 오래 걸리고 상대방이 받았는지 못 받았는지 확인할 수 없어요. 두 번째는 '등기우편'입니다. 상대방이 받았는지 알 수 있고, 조금 빠른 편이지요. 세 번째는 '빠른 등기'입니다. 말 그대로 아주 빨라요. 보통 다음 날 상대방이 받을 수 있고요, 상대방이 받았는지 확인할 수 있습니다.

- 이 편지를 중국에 보내려고 하는데요.

- 에어메일(airmail)로 하시겠어요, EMS로 하시겠어요?

- 빠른 등기는 하루나 이틀이면 도착합니다.

- 박스값은 이따가 우편 요금 계산하실 때 같이 계산하셔야 돼요.

- 영수증은 모바일로 받으시겠어요?

- 저는 그 옛날 감성이 좋더라고요.

- 저도 꼭 손편지를 써서 우체국에서 보내 봐야겠네요.

# 길면 2주 정도 걸려요.

**talk talk 단어 · 표현**

- 에어메일(airmail): 비행기로 우편물을 실어 나르는 우편
- EMS(Express Mail Service): 우체국 국제 특급 우편
- 걸리다: ① 매달리다, ② 병이 들다, ③ 어떤 것에 어긋나다, ④ 어떤 상태에 빠지게 되다, ⑤ 전화가 되다, ⑥ 어떤 것 때문에 넘어질 상태가 되다, ⑦ 들키다, ⑧ 막히거나 잡히다, ⑨ 시간이 들다. 여기서는 ⑨의 뜻
- 우표: 우편 요금을 냈다는 표시로 우편물에 붙이는 작은 종이

---

**프엉** 안녕하세요. 이 편지를 중국에 보내려고 하는데요.

Hi, I need to send this letter to China.

**직원** 에어메일로 하시겠어요, EMS로 하시겠어요?

Okay, would you like to do it by airmail or EMS?

**프엉** 얼마나 걸려요?

How long does it take?

**직원** 에어메일은 길면 2주 정도 걸리고, EMS로 하면 일주일 정도 걸려요.

Airmail can take up to 2 weeks, and EMS takes about a week.

**프엉** 그럼 EMS로 보낼게요.

Then I will send it by EMS.

우표를 사야 하나요?

Do I need to buy a postage stamp?

**직원** 아니요, 그냥 바로 계산하시면 됩니다.

No, you can just pay right away.

**2**

# 빠른 등기로
# 해 주세요.

**유토** 저, 이 서류를 보내려고 하는데요.
I want to send this document.

**직원** 봉투에 서류를 넣고, 봉투에 받으실 분
주소를 써 주시겠어요?
Please put the document in this envelope
and write the address of the recipient.

봉투값은 100원인데 여기 넣어 주셔도
되고 우편료와 같이 계산하셔도 됩니다.
The cost of the envelope is 100 won, you can
pay now or it can be calculated along with
the postage.

**유토** 여기 있어요.
Here you are.

**직원** 네, 감사합니다. 저울에 올려 주세요.
Thank you, please put it on the scale.

일반우편으로 하시겠어요, 빠른 등기로
하시겠어요?
Would you like regular mail or express
registered mail?

**유토** 일반우편은 얼마나 걸려요?
How long does it take by regular mail?

**직원** 일반우편은 4일에서 일주일 정도 걸리
고, 빠른 등기는 하루나 이틀이면 도착
합니다.
Regular mail takes about 4 days to a week,
and express mail arrives in a day or two.

**talk talk 단어 · 표현**

• 우편료: 우편을 보내거
나 받을 때 내는 돈
• 저울: 무게를 재는 도구
• 이틀: 2일

찰떡 한국어 필수 회화 **141**

**유토** 그럼 빠른 등기로 할게요.

Then I'll send by express registered mail.

**직원** 네, 받으시는 분 연락처도 좀 써 주시겠
어요?

Okay, could you please write the recipient's
contact information as well?

**직원** 어서 오세요. 어떻게 오셨죠?

Hello. May I help you?

**제니** 이거 소포로 보내려고 하는데요.

I need to send this by parcel.

**직원** 포장해서 주셔야 돼요.

You have to pack it up and then give it to me.

박스는 저쪽에 있고, 이 정도 크기면 5호 박스면 될 것 같아요.

The boxes are over there, for that size I think you will need the 5th box.

**제니** 박스는 무료예요?

Is the box free?

**직원** 박스값은 이따가 우편 요금 계산하실 때 같이 계산하셔야 돼요.

You have to pay for the box when you pay the postage fare.

먼저 포장부터 하시고, 박스에 주소랑 전화번호 적어 주시면 됩니다.

But first, pack it up and write the address and phone number of the recipient on the box.

**제니** 여기 있어요.

Here you are.

# 3

# 영수증은 모바일로 받을게요.

**talk talk 단어 · 표현**

- 소포: 조그맣게 포장한 물건
- 포장하다: (물건 등을) 싸다.
- 박스(box): 종이 상자

**직원** 일반으로 하시겠어요, 특급으로 하시겠
어요?

Would you like regular or express?

**제니** 일반으로요.

Regular, please.

**직원** 그럼 8,000원입니다.

Then it's 8,000 won.

**제니** 얼마나 걸리죠?

How long does it take?

**직원** 이틀 정도 걸려요.

It takes about two days.

영수증은 모바일로 받으시겠어요?

Would you like to receive your receipt on
your cell phone?

**제니** 네.

Yes.

**직원** 그럼 여기 전화번호 입력해 주세요.

Then please enter your phone number here.

**4**

## 저도 옛날 감성이 좋아요.

**케빈** 지영 씨, 어디 가요?

Jiyeong, where are you going?

**지영** 우체국에요. 편지 좀 보내려고요.

To the post office. To send a letter.

**케빈** 편지요? 와, 편지 보내는 사람 진짜 오랜만에 보네요.

A letter? Wow, it's been a long time since I've seen anybody send a letter.

한국 사람들은 편지를 많이 주고받나요?

Do Koreans still send and receive letters often?

**지영** 저도 편지 보내는 사람은 저 말고는 한 번도 본 적이 없어요.

I've never seen anyone send a letter but me.

이렇게 손편지를 써서 보내는 사람은 저밖에 없더라고요.

I'm the only person I know who writes and sends handwritten letters.

**케빈** 그런데 왜 편지를 보내요? 이메일도 있고….

Why are you sending a letter? There are emails….

**talk talk 단어 · 표현**

• 손편지: 손으로 쓴 편지

**문법 check!**

• N밖에 없다: N만 있고 다른 것은 없다'라는 의미의 표현

아니, 요즘은 이메일도 잘 안 쓰고 보통 SNS로 연락하잖아요.

Hmm, people rarely even use emails these days, people usually communicate through SNS.

지영 ▶ **저는 그 옛날 감성이 좋더라고요.**

I like the familiar feeling.

**종이에 손글씨를 쓰고, 반듯하게 접어서 봉투에 넣고….**

Writing on paper, folding it flat and putting it in an envelope….

케빈 ▶ **생각해 보니 너무 좋네요, 그 느낌!**

It's nice to remember that feeling!

지영 ▶ **케빈 씨도 아날로그 감성에 공감하는군요.**

So, you also miss the old ways.

**그런데 좀 아쉽게도 요즘은 우표를 따로 사지 않으면 우표 붙일 일은 거의 없는 것 같아요.**

Unfortunately these days, it is almost impossible to get a real stamp to attach unless you buy them separately.

**우체국에서 계산하면 바로 스티커를 붙여 주더라고요.**

When you pay at the post office, they put a sticker on it right away.

## 도장만 찍기도 하고요.

Or just put the stamp on for you.

**케빈** 뭐 그 정도는 괜찮아요. 어쨌든 저도 꼭 손편지를 써서 우체국에서 보내 봐야겠네요.

I see anyway, I must also write a handwritten letter and send it from the post office.

**talk talk 단어 · 표현**

• 도장: 나무나 뿔, 고무 등에 이름이나 글자를 새기고 문서에 찍어 내용을 확인했다는 것을 나타내는 물건

**PART 09-1**

A: 안녕하세요. 이 편지를 중국에 보내려고 하는데요.

B: 에어메일로 하시겠어요, EMS로 하시겠어요?

A: 얼마나 1)_____?

B: 에어메일은 길면 2주 정도 걸리고, EMS로 하면 일주일 정도 걸려요.

A: 그럼 EMS로 보낼게요. 2)_____를 사야 하나요?

B: 아니요, 그냥 바로 계산하시면 됩니다.


**PART 09-2**

A: 저, 이 서류를 보내려고 하는데요.

B: 봉투에 서류를 넣고, 봉투에 받으실 분 주소를 써 주시겠어요? 봉투값은 100원인데 여기 넣어 주셔도 되고 1)_____ _____와 같이 계산하셔도 됩니다.

A: 여기 있어요.

B: 네, 감사합니다. 저울에 올려 주세요.

일반우편으로 하시겠어요, 빠른 2) _____ 로 하시겠
어요?

A: 일반우편은 얼마나 걸려요?

B: 일반우편은 4일에서 일주일 정도 걸리고, 빠른 등기는 하루
나 3) _____ 이면 도착합니다.

A: 그럼 빠른 등기로 할게요.

B: 네, 받으시는 분 연락처도 좀 써 주시겠어요?


### PART 09-3

A: 어서 오세요. 어떻게 오셨죠?

B: 이거 1) _____ 로 보내려고 하는데요.

A: 포장해서 주셔야 돼요. 2) _____ 는 저쪽에 있고, 이
정도 크기면 5호 박스면 될 것 같아요.

B: 박스는 무료예요?

A: 박스값은 이따가 우편 요금 계산하실 때 같이 계산하셔야 돼
요. 먼저 3) _____ 부터 하시고, 박스에 주소랑 전화
번호 적어 주시면 됩니다.

B: 여기 있어요.

A: 일반으로 하시겠어요, 4)_____으로 하시겠어요?

B: 일반으로요.

A: 그럼 8,000원입니다.

B: 얼마나 걸리죠?

A: 이틀 정도 걸려요. 영수증은 5)_____로 받으
시겠어요?

B: 네.

A: 그럼 여기 전화번호 입력해 주세요.


**PART 09-4**

A: 지영 씨, 어디 가요?

B: 우체국에요. 편지 좀 보내려고요.

A: 편지요? 와, 편지 보내는 사람 진짜 오랜만에 보네요. 한국
사람들은 편지를 많이 주고받나요?

B: 저도 편지 보내는 사람은 저 말고는 한 번도 본 적이 없어요.

이렇게 1) _____를 써서 보내는 사람은 저밖에 2) _____.

A: 그런데 왜 편지를 보내요? 이메일도 있고…. 아니, 요즘은 이메일도 잘 안 쓰고 보통 SNS로 연락하잖아요.

B: 저는 그 옛날 3) _____이 좋더라고요. 종이에 4) _____를 쓰고, 반듯하게 접어서 봉투에 넣고….

A: 생각해 보니 너무 좋네요, 그 느낌!

B: 케빈 씨도 5) _____ 감성에 공감하는군요. 그런데 좀 아쉽게도 요즘은 우표를 따로 사지 않으면 우표 붙일 일은 거의 없는 것 같아요. 우체국에서 계산하면 바로 스티커를 붙여 주더라고요. 6) _____만 찍기도 하고요.

A: 뭐 그 정도는 괜찮아요. 어쨌든 저도 꼭 손편지를 써서 우체국에서 보내 봐야겠네요.

한국에서 생활하며 들을 수 있는, 알아 두면 쓸모 있는 표현들로 회화 실력 UP!

어서 오세요. 뭘 도와드릴까요?

제가 그제 빠른 등기로 서류를 보냈는데요,
그쪽에서 아직 못 받았다고 해서요.

확인해 보겠습니다. 혹시 영수증 가지고 오셨어요?

영수증을 모바일로 받았어요.
이거 보여 드리면 되나요?

네, 잠깐 핸드폰 주시겠어요?

저, 빠른 등기면 익일 배송 아닌가요?
그럼 어제 도착했어야 했는데.

보통 빠른 등기로 보내면 다음 날 도착하는데요,
가끔 다음다음 날 도착하는 경우도 있어요.
그저께 몇 시쯤에 보내셨지요?

점심 먹고 1시? 2시? 그때쯤 보낸 것 같아요.

그래요? 아, 영수증 확인해 볼게요.
3시 34분에 보내셨네요.
이 시간쯤 보내면 다음다음 날 도착하는 경우도 있어요.

아, 그렇군요.
그럼 지금 잘 가고 있는지 확인이 가능한가요?

네, 지금 종로구에 가 있고요, 오늘 내로 배송될 거라고 나오네요.

그렇군요. 감사합니다.

**실력 UP!** 단어 · 표현 알아보기 ·····································································

★ 익일: 다음 날
★ 다음다음 날: 2일 후

### '다다음 날'은 '모레'예요?

한국 사람들은 2일 후를 말할 때 '다다음 날'이라는 말을 자주 사용합니다. 그런데 '(내일) 모레'와 '다다음 날'은 뜻이 조금 다릅니다. '(내일) 모레'는 '오늘'을 기준으로 2일 후를 말하는 것이고, '다다음 날'은 꼭 오늘이 아니어도 되는 어떤 날에서 2일 후를 나타냅니다. 그런데 '다다음 날'은 사실 틀린 말입니다. 올바른 한국어는 '다음다음 날' 또는 '담담 날'입니다.

### '어저께, 그저께'도 맞는 말이에요?

'어저께, 그저께'는 표준어입니다. 오늘을 기준으로 하루 전을 '어제' 또는 '어저께'라고 하고, 이틀(2일) 전을 '그저께' 또는 '그제'라고 합니다. 3일 전은 '그끄저께'라고 하는데요, 이 말이 왠지 낯설고 이상하게 들릴 수 있지만 '그끄저께'도 표준어입니다. '그저께의 전날'이라는 뜻이지요.

그럼 이제 앞으로 다가올 날들을 나타내는 표현을 알아볼까요? 오늘을 기준으로 하루 뒤를 나타내는 말은 '내일'이고, 이틀 뒤는 '모레'입니다. 그리고 3일 뒤는 '글피'라고 합니다. 4일 뒤는 '그글피'라고 합니다. 한국 사람들은 '글피'라는 말은 자주 사용하지는 않고 그냥 3일 후라고 말합니다. 그리고 '그글피'는 잘 사용하지 않습니다.

### '엊그제'는 '어제'예요, '그제'예요?

엊그제는 어제와 그제를 합친 뒤 짧게 줄여서 만든 말입니다. 그런데 그 뜻은 어제도 그제도 아닙니다. '바로 며칠 전'이라는 뜻이지요. "한국에 온 게 엊그제 같은데 벌써 일 년이 지났다."라는 말은 '한국에 온 지 며칠 되지 않은 것 같은데 벌써 일 년이나 지났다'라는 뜻이 되겠지요.

# PART
# 10

🔊 MP3 10

# 식당에서
# 음식 주문하기

**1** 저는 매운 음식을 못 먹어요.

**2** 공깃밥은 따로 시켜야 해요?

**3** 백반은 보통 한국 사람들의 집밥이에요.

**4** 그냥 "여기요."라고 하세요.

---

**알아 두면 쓸모 있는 한국 문화**

[어디든지 배달이 되는 한국의 배달 음식]

여러분은 식당에 자주 가시나요? 한국에서는 집밥을 먹지 않아도 식당에 가지 않는 사람들이 많아요. 여러분은 이 말을 듣고 이렇게 질문할 수도 있겠네요. "어? 그럼 그 사람들은 밥을 안 먹어요?" 아닙니다. 그 사람들은 집에서 식당 밥을 먹어요. 한국은 배달 시스템이 잘 되어 있기 때문에 어떤 음식이든 다 배달시켜서 먹을 수 있거든요. 요즘은 전화를 하지 않아도 스마트폰 앱으로 음식을 주문할 수 있어서 배달 음식 주문이 더욱 편리해졌습니다. 하지만 친구를 만나거나 밖에 나가서 밥을 먹어야 할 때는 식당에 가야 하니까 식당에서 쓰는 한국말을 함께 알아봅시다.

- 이모! 여기 김치찌개 하나, 뚝불 하나요!

- 부대찌개 2인분에 햄 사리 추가하면 충분하겠죠?

- 소주도 하나 주시겠어요?

- 저기 메뉴판에서 맨 아래에 있는 거요.

- 혹시 오늘 나오는 음식에 새우가 들어가나요?

- 오늘부터 '아줌마'라는 말을 조심해서 사용해야겠어요.

- 요즘은 굳이 부르지 않아도 되더라고요.

# 저는 매운
음식을
못 먹어요.

### talk talk 단어 · 표현

- 깜빡하다: 잊어버리다.
- 뚝불: '뚝배기 불고기'를 식당에서 짧게 줄여 쓰는 말

---

**케빈** 수빈 씨는 뭐 드실 거예요?

Subin, what would you like to eat?

**수빈** 우리 같이 김치찌개를 먹을까요?

Shall we eat 김치찌개(Kimchi-jjigae) together?

**케빈** 아, 미안해요. 저는 매운 음식을 못 먹어서요.

Oh, I'm sorry. I can't eat spicy food.

저는 뚝배기 불고기를 먹을게요.

I will get 뚝배기 불고기(Ttukbaegi-bulgogi).

**수빈** 맞다, 깜빡했네요. 제가 주문할게요.

Right, I forgot. I'll order.

이모! 여기 김치찌개 하나, 뚝불 하나요!

Excuse me! one 김치찌개 and one 뚝불, please!

## 2

# 공깃밥은 따로 시켜야 해요?

**프엉** ▶ 어떻게 주문할까요?

What should we order?

**수빈** ▶ 부대찌개 2인분에 햄 사리 추가하면 충분하겠죠?

Will we have enough if we order one ham topping to two 부대찌개(Budae-jjigae)?

혹시 프엉 씨 먹고 싶은 거 있어요?

Is there anything else you want to add?

**프엉** ▶ 네, 만두 사리도 시켜 주세요.

Yes, please order the dumpling topping too.

**수빈** ▶ 그래요. 여기요!

Okay. Excuse me!

부대찌개 2인분, 햄 사리 하나, 만두 사리 하나요.

부대찌개 for two people, one ham topping, and one dumpling topping, please.

아, 그리고 공깃밥은 따로 시켜야 하나요?

Oh, and do I have to order the rice separately?

**직원** ▶ 공깃밥은 그냥 드려요.

We serve rice for free.

부대 둘, 햄, 만두 사리 추가 맞으시죠?

two 부대찌개, extra toppings of ham and dumplings, right?

**talk talk 단어 · 표현**

- 사리: 찌개나 전골에 추가되는 재료
- 공깃밥: 밥그릇에 들어 있는 밥
- 부대: '부대찌개'를 식당에서 짧게 줄여 쓰는 말

**수빈** 네. 참, 소주도 하나 주시겠어요?

Yes. Oh, can I also have some 소주(Soju)?

**직원** 잔은 몇 개 드릴까요?

How many glasses would you like?

**수빈** 두 개 주세요.

Two, please.

# 백반은 보통 한국 사람들의 집밥이에요.

**제니** ▶ 사장님, '백반'은 어떤 음식이에요?

Excuse me, what kind of food is '백반'(Baekban)?

저기 메뉴판에서 맨 아래에 있는 거요.

It's at the bottom of the menu over there.

**직원** ▶ 흰밥에 국이랑 반찬이 몇 가지 나와요.

It's a bowl of steamed white rice that comes with some soup and side dishes.

보통 한국 사람들이 집에서 먹는 밥이라고 생각하면 돼요.

It's what Koreans usually eat at home.

**제니** ▶ 그러면 백반을 시키면 한국 사람들이 평소에 먹는 밥이 어떤 건지 알 수 있겠네요.

Then I can experience the kind of meal Koreans usually eat if I order 백반.

**직원** ▶ 네, 그렇죠. 그리고 백반은 반찬이나 국이 조금씩 바뀌어요.

Yes, that's right. When eating 백반, the side dishes and soup variety changes often.

늘 똑같은 게 나오지는 않아요.

It's not always the same.

**제니** ▶ 그럼 뭐가 나오는지는 음식이 나와야만 알 수 있는 거예요?

Then I can only know what will be when the food comes out?

---

**talk talk 단어 · 표현**

- 국: 고기나 생선, 채소, 장 등에 물을 많이 붓고 끓인 음식
- 반찬: 밥과 함께 먹는 음식
- 평소: 보통 때

---

**직원▶** 네, 맞아요. 어떤 것을 먹을지 고민될 때
는 백반을 시켜 보시는 것도 재미있을
거예요.

Yes, that's right. It's good to try 백반 when
you are in doubt about what to eat.

어떤 음식이 나올지 모르니까 기다리는
재미도 있거든요.

It's fun to wait because you don't know
what kind of food will come out.

**제니▶** 음⋯. 혹시 오늘 나오는 음식에 새우가
들어가나요?

Uh⋯. Will there be shrimp in today's food?

저는 새우 알레르기가 있어서 못 먹거
든요.

I'm allergic to shrimp, so I shouldn't eat it.

**직원▶** 아, 그러시구나. 오늘은 돼지고기 김치
찌개랑 나물 반찬들이 나와요.

Oh, I see. Today, pork 김치찌개 and vegetable
side dishes will be served.

매운 음식은 잘 드세요?

Do you like spicy food?

**제니▶** 그럼요. 매운 음식은 문제없어요.

Sure. Spicy food is fine with me.

그러면 백반 하나 주세요.

I'll take one 백반.

**talk talk 단어 · 표현**

• 알레르기(allergy): 어
떤 음식이나 물질이 몸
에 맞지 않는 것

## 4

**그냥 "여기요."**
**라고 하세요.**

**케빈** ▶ 한국 사람들은 왜 식당 아줌마들을 '이모'라고 불러요?

Why do Koreans call the ladies that work in restaurants '이모(aunt)'?

이모는 엄마의 여자 형제잖아요.

I thought '이모' is somebody's mom's sister.

**수빈** ▶ '아줌마'라고 부르는 것보다 이모가 더 친근한 느낌이 들어서 그렇게 불러요.

People use '이모' because it feels more friendly than '아줌마(Ajumma).'

그리고 '아줌마'라는 말에는 좀 부정적인 느낌도 있어서, '아줌마'라는 호칭은 쓰지 않으려고 하는 것 같아요.

There are some negative feelings attached to the word '아줌마' these days, so I think people try not to use it.

**케빈** ▶ 부정적인 느낌이라니요?

Negative feelings?

결혼한 여자를 부를 때 보통 그렇게 부른다고 들었는데요?

I heard that it's what married women are called?

**문법 check!**

- A/V + -잖아요: 듣는 사람도 이미 알고 있는 내용을 듣는 사람이 다시 생각나게 하기 위해 말해 줄 때 쓰는 표현. 주로 어떤 것에 대한 이유를 말할 때 많이 사용하는 말

**talk talk 단어 · 표현**

- 친근하다: 사이가 아주 가깝다. (≒ 친하다)
- 부정적이다: 나쁘다. (≒ 바람직하지 못하다)
- 호칭: 부르는 말

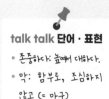

**talk talk 단어 · 표현**
- 존중하다: 높여서 대하다.
- 막: 함부로, 조심하지 않고 (= 마구)

수빈 ▶ 맞아요. 그런데 언제부턴가 나이가 있는 여자 분을 부를 때 '아줌마'라고 하면 존중하지 않고 막 대하면서 부른다는 느낌을 주는 것 같아요.

You're right. But sometimes when people say '아줌마' to an older woman, it doesn't sound very respectful.

그래서 식당에서 일하시는 여자 분을 부를 때는 '이모'나 '사장님'이라고 부르는 경우가 많아요.

So, many people prefer to say '이모' or '사장님(Sajang-nim)' to the women working in restaurants.

케빈 ▶ 그렇구나…. 그러면 저도 오늘부터 '아줌마'라는 말을 조심해서 사용해야겠어요.

Oh, I see…. Then I should be careful not to use the word '아줌마' from now.

수빈 ▶ 음…. 그런데 생각해 보니까 저는 '아줌마'도, '이모'도, '사장님'도 다 안 쓰는 것 같아요.

Hmm…. Actually, I don't think I use '아줌마', '이모' or '사장님' very often.

케빈 ▶ 그래요? 그럼 뭐라고 불러요?

Really? Then what do you call them?

수빈 ▶ "저기요!", "여기요!"

Mostly "저기요!," "여기요!"

**케빈** 아, 맞아요. 저도 그걸 제일 많이 들었어요.

That makes sense. I've heard those words a lot.

**수빈** 그리고 요즘은 호출벨과 키오스크가 있으니까 굳이 부르지 않아도 되더라고요.

Also these days, there are table bells and kiosks, so you don't even have to call them.

### talk talk 단어 · 표현

- 호출벨: 직원을 부를 때 사용하는 벨(bell)
- 키오스크: 무인 정보 단말기. 식당이나 카페에서 주문을 할 때 사용하는 기계

**PART 10-1**

A: 수빈 씨는 뭐 드실 거예요?

B: 우리 같이 김치찌개를 먹을까요?

A: 아, 미안해요. 저는 매운 음식을 못 먹어서요. 저는 뚝배기 불고기를 먹을게요.

B: 맞다, 1)_____했네요. 제가 주문할게요. 이모! 여기 김치찌개 하나, 2)_____ 하나요!


**PART 10-2**

A: 어떻게 주문할까요?

B: 부대찌개 2인분에 햄 1)_____ 추가하면 충분하겠죠? 혹시 프엉 씨 먹고 싶은 거 있어요?

A: 네, 만두 사리도 시켜 주세요.

B: 그래요. 여기요! 부대찌개 2인분, 햄 사리 하나, 만두 사리 하나요. 아, 그리고 2)_____은 따로 시켜야 하나요?

C: 공깃밥은 그냥 드려요. 부대 둘, 햄, 만두 사리 3)_____ 맞으시죠?

B: 네. 참, 소주도 하나 주시겠어요?

C: 잔은 몇 개 드릴까요?

B: 두 개 주세요.


**PART 10-3**

A: 사장님, '1)_____'은 어떤 음식이에요? 저기 메뉴판에서 맨 아래에 있는 거요.

B: 흰밥에 국이랑 2)_____이 몇 가지 나와요. 보통 한국 사람들이 집에서 먹는 밥이라고 생각하면 돼요.

A: 그러면 백반을 시키면 한국 사람들이 3)_____에 먹는 밥이 어떤 건지 알 수 있겠네요.

B: 네, 그렇죠. 그리고 백반은 반찬이나 국이 조금씩 바뀌어요. 늘 똑같은 게 나오지는 않아요.

A: 그럼 뭐가 나오는지는 음식이 나와야만 알 수 있는 거예요?

B: 네, 맞아요. 어떤 것을 먹을지 고민될 때는 백반을 시켜 보시는 것도 재미있을 거예요. 어떤 음식이 나올지 모르니까 기다리는 4)_____도 있거든요.

A: 음…. 혹시 오늘 나오는 음식에 새우가 들어가나요? 저는 새우 5)_____가 있어서 못 먹거든요.

B: 아, 그러시구나. 오늘은 돼지고기 김치찌개랑 나물 반찬들이 나와요. 매운 음식은 잘 드세요?

A: 그럼요. 매운 음식은 문제없어요. 그러면 백반 하나 주세요.

**PART 10-4**

A: 한국 사람들은 왜 식당 1)_____들을 '이모'라고 불러요? 2)_____는 엄마의 여자 형제잖아요.

B: '아줌마'라고 부르는 것보다 이모가 더 3)_____ 느낌이 들어서 그렇게 불러요. 그리고 '아줌마'라는 말에는 좀 부정적인 느낌도 있어서, '아줌마'라는 호칭은 쓰지 않으려고 하는 것 같아요.

A: 부정적인 느낌이라니요? 결혼한 여자를 부를 때 보통 그렇게 부른다고 들었는데요?

B: 맞아요. 그런데 언제부턴가 나이가 있는 여자 분을 부를 때 '아줌마'라고 하면 4)＿＿＿＿＿＿＿＿ 하지 않고 막 대하면서 부른다는 느낌을 주는 것 같아요. 그래서 식당에서 일하시는 여자 분을 부를 때는 '이모'나 '사장님'이라고 부르는 경우가 많아요.

A: 그렇구나…. 그러면 저도 오늘부터 '아줌마'라는 말을 조심해서 사용해야겠어요.

B: 음…. 그런데 생각해 보니까 저는 '아줌마'도, '이모'도, '사장님'도 다 안 쓰는 것 같아요.

A: 그래요? 그럼 뭐라고 불러요?

B: "저기요!", "여기요!"

A: 아, 맞아요. 저도 그걸 제일 많이 들었어요.

B: 그리고 요즘은 5)＿＿＿＿＿＿＿＿＿＿과 키오스크가 있으니까 굳이 부르지 않아도 되더라고요.

정답

| PART 10-1 | PART 10-2 | PART 10-3 | PART 10-4 |
|---|---|---|---|
| 1) 깜빡 | 1) 사리 | 1) 백반 | 1) 아줌마 |
| 2) 똑불 | 2) 공깃밥 | 2) 반찬 | 2) 이모 |
| | 3) 추가 | 3) 평소 | 3) 친근한 |
| | | 4) 재미 | 4) 존중 |
| | | 5) 알레르기 | 5) 호출벨 |

한국에서 생활하며 들을 수 있는, 알아 두면 쓸모 있는 표현들로 회화 실력 UP!

**1)**

계산 도와드릴까요? 같이 계산해 드릴까요?

아니요, 따로 할게요. 저는 비빔밥이요.

네, 7,000원 결제 도와드릴게요. 영수증 드릴까요?

아니요, 버려 주세요.

치즈 돈까스 8,500원 결제하겠습니다.
영수증 드릴까요?

네, 주세요.

**2)**

54,000원입니다.
계산은 어떻게 해 드릴까요?

따로 해 주시겠어요?
세 명이서 54,000원이니까….

18,000원씩 결제해 드릴까요?

네, 그렇게 해 주세요.

### 비빔밥 하나? 비빔밥 한 개? 비빔밥 한 그릇?

식당에서 비빔밥을 주문할 때 여러분은 뭐라고 말해요? 여러분은 한국어를 잘 배웠으니까 "여기 비빔밥 한 그릇 주세요."라고 하지요? 그런데 한국 사람들은 보통 '비빔밥 한 개'라고 하거나 '비빔밥 하나'라고 하는 경우가 많습니다.

한국 사람들은 일상생활에서 '그릇, 대, 권, 명, 채, 마리' 등의 단위 명사를 말하지 않는 경우가 많은데요, 특히 식당에서 자주 그렇습니다. 메뉴 뒤에 '하나, 둘'만 말해서 수량을 나타내거나 가장 기본적인 단위 명사 '개'를 사용하는 경우가 많지요. 그러니까 '비빔밥 하나, 비빔밥 한 개, 비빔밥 한 그릇'과 같은 말을 써도 괜찮습니다.

### '뚝불, 치돈'···. 이것도 음식 이름이에요?

많은 한국 사람들이 음식점에서 음식 이름을 말할 때 줄여서 말하곤 합니다. 음식 메뉴 중에서 말을 줄여서 쓰는 경우가 있습니다. '뚝불', '치돈'이라는 단어를 들어 본 적 있으신가요? '뚝불'은 '뚝배기 불고기'를, '치돈'은 '치즈 돈까스'를 줄여서 부르는 말입니다. 각 단어의 가장 앞 글자를 따서 부르는 말이지요. '비빔냉면'을 줄인 '비냉', '물냉면'을 줄인 '물냉'도 정말 자주 쓰이는 단어입니다. 그리고 '감자튀김'을 줄여서 '감튀'라고 말하기도 합니다.

음식 하나를 부를 때도 단어를 짧게 줄이지만 잘 어울리는 술과 안주를 함께 말할 때도 줄여서 말하는 경우가 많습니다. '치맥'은 치킨과 맥주를 함께 부르는 말이고요, '피맥'은 피자와 맥주, '곱소'는 곱창과 소주, '삼소'는 삼겹살과 소주를 뜻합니다. 한국인 친구들과 술 한잔하고 싶을 때 "우리 오늘 치맥 어때?"라고 말해 보는 것은 어떨까요?

**메모**

# 카페에서 시간 보내기

**1** 드시고 가세요?

**2** 카페모카 말고 라테로 드릴게요.

**3** 와이파이 비번은 영수증에 있습니다.

**4** 나가실 때 말씀해 주시면 옮겨 담아 드릴게요.

### 알아 두면 쓸모 있는 한국 문화

[카페에서 공부를 해요?]

여러분은 카페에 자주 가세요? 카페에 가서 뭐 해요? 당연히 커피나 음료를 마시러 카페에 가지요. 요즘은 카페에 가는 이유가 다양해졌어요. 일을 하기 위해 카페에 가는 사람도 있고요, 어떤 사람들은 공부하러 카페에 가기도 합니다. 특히 공부하러 카페에 가는 사람들이 아주 많아서 요즘은 '카페에서 공부하는 사람'이라는 의미가 있는 '카공족'이라는 신조어도 생겼습니다. 카페는 너무 조용하지도 않고 또 너무 시끄럽지도 않아서 공부에 집중하기 딱 좋은 소음이 있는 곳이지요. 이렇게 집중하기에 적당한 소음을 '백색 소음'이라고 합니다. 여러분도 한번 백색 소음이 있는 카페에서 한국어 공부를 해 보세요.

- 아이스 아메리카노 두 잔 주시겠어요?

- 혹시 캐리어 필요하세요?

- 네, 먹고 갈게요.

- 진동벨로 알려 드릴게요.

- 아이스로 드릴까요? 뜨거운 걸로 드릴까요?

- 와이파이 아이디와 비밀번호는 영수증에 있습니다.

- 저는 따뜻한 아메리카노 시켰는데요.

# 1

## 드시고
## 가세요?

**talk talk 단어 · 표현**

- 아이스(ice): 얼음. 또는 얼음이 들어 있는 시원한 음료를 나타내기 위해 음료 이름 앞에 붙이는 말
- 캐리어(carrier bag): 카페에서 여러 잔의 음료를 옮기기 쉽게 만든 도구. 보통 종이나 비닐로 만든다.

점원▶ **주문 도와드릴게요.**
Can I take your order?

케빈▶ **아이스 아메리카노 두 잔 주시겠어요?**
Could I have two iced Americanos, please?

점원▶ **드시고 가세요?**
Are you going to drink them here?

케빈▶ **아니요, 가지고 갈게요.**
No, I'll take them out.

점원▶ **혹시 캐리어 필요하세요?**
Do you need a carrier?

케빈▶ **아니요, 괜찮아요.**
No. That won't be necessary.

**점원** 안녕하세요. 주문하시겠어요?

Hello. Would you like to order?

**프엉** 네, 아메리카노 하나, 카페라테 하나, 그리고 치즈케이크요.

Yes, one Americano, one Caffe latte, and a Cheesecake.

**점원** 네, 확인해 드릴게요.

Okay, I'll process that for you.

아메리카노 하나, 카페모카 하나, 치즈케이크 하나.

One Americano, one Cafe mocha, and one Cheesecake.

음료 두 개 케이크 하나, 맞으세요?

Two drinks and one cake, right?

**프엉** 아니요, 아메리카노 하나랑 카페라테 하나예요. 그리고 치즈케이크요.

No, actually it's one Americano and one Cafe latte. And the Cheesecake.

**점원** 앗, 죄송해요. 카페라테 시키셨죠?

Oh, I'm sorry. Cafe Latte right?

드시고 가세요?

Are you going to eat here?

# 2

## 카페모카 말고 라테로 드릴게요.

**talk talk 단어 · 표현**

- 음료: 목이 마를 때 마시거나 맛을 즐기기 위해 마시는 액체
- 시키다: ① 남에게 어떤 일을 하게 하다, ② 주문하다. 여기서는 ②의 뜻

**프엉** ▶ 네, 먹고 갈게요.

Yes, I'm going to eat here.

**점원** ▶ 케이크에 포크 두 개, 괜찮으세요?

Will two forks for the cake be okay?

**프엉** ▶ 네.

Yes.

**점원** ▶ 그럼 준비되면 진동벨로 알려 드릴게요. 잠시만 기다려 주세요.

I'll let you know that your order is ready with a vibrating bell. Please wait.

---

**talk talk 단어 · 표현**

• 진동벨: 커피숍이나 식당에서 알림을 목적으로 흔들리거나 떨리면서 움직이는 벨(bell)

**점원** 뭘로 드릴까요?

What can I get you?

**유토** 카페모카 하나 주시겠어요?

Could you give me a Cafe mocha?

**점원** 네, 카페모카 하나요. 아이스로 드릴까요? 뜨거운 걸로 드릴까요?

Okay, one Cafe mocha. Would you like iced? or hot?

**유토** 아이스로 주세요.

Iced cafe mocha, please.

**점원** 아이스 카페모카 위에 휘핑크림 괜찮으세요?

Would you like whipping cream on it?

**유토** 아니요, 빼 주세요.

No thank you.

**점원** 네, 또 필요한 건 없으시고요?

Okay, do you need anything else?

**유토** 네, 없어요.

No, nothing else.

**점원** 네, 아이스 카페모카 한 잔, 4,300원입니다.

I see, one iced Cafe mocha will be 4,300 won.

# 3

## 와이파이 비번은 영수증에 있습니다.

**talk talk 단어 · 표현**

• 휘핑크림: 거품을 낸 크림

유토 ▶ **아, 와이파이 비번 좀 알 수 있을까요?**

Oh, can I get the Wi-Fi password?

점원 ▶ **와이파이 아이디와 비밀번호는 영수증에 있습니다.**

The Wi-Fi ID and password are on your receipt.

**여기 카운터 옆에도 적혀 있고요.**

And it's written here next to the counter.

유토 ▶ **그렇군요. 감사합니다.**

I See. Thank you.

점원 ▶ **음료 준비되면 영수증에 있는 대기 번호로 불러 드릴게요. 잠시만 기다려 주세요.**

I will call the order number on the receipt when it's ready. Please wait.

**4**

## 나가실 때 말씀해 주시면 옮겨 담아 드릴게요.

**점원** 113번 고객님, 주문하신 음료 나왔습니다.
Customer number 113, your order is ready.

113번 고객님, 주문하신 아이스 아메리카노, 따뜻한 캐모마일 차 나왔습니다.
Customer number 113, Here is the iced Americano and hot Chamomile tea you ordered.

**제니** 저기요, 저는 따뜻한 아메리카노 시켰는데요.
Hey, I ordered a hot Americano.

**점원** 앗, 죄송합니다. 제가 잘못 들은 것 같습니다. 금방 다시 해 드릴게요.
Oh, did you? Sorry, my bad. I'll quickly make it again.

캐모마일 차는 따뜻한 거 맞으시죠?
You ordered hot Chamomile tea though right?

**제니** 네, 맞아요.
Yes, that's right.

**점원** 그럼 다시 만들어서 같이 드릴까요? 아니면 캐모마일 차 먼저 가져가시겠어요?
Then, would you like to wait and take the drinks together, or take the Chamomile tea first?

**제니** 이거 먼저 가져갈게요.

I'll take this first.

그런데 제가 이따가 나가 봐야 하는데 아메리카노는 일회용 잔에 주실 수 있나요?

Oh, by the way, I have to leave in a while, could you give me the Americano in a disposable cup?

**점원** 죄송하지만, 매장에서 드실 때는 머그컵을 사용해야 해서요.

Sorry, when you drink inside, you have to use a mug.

나가실 때 말씀해 주시면 일회용 컵에 옮겨 드리겠습니다.

If you tell us when you are going out, we will transfer it to a disposable cup.

**제니** 네, 알겠습니다.

All right.

**PART 11-1**

A: 주문 도와드릴게요.

B: 1) _____ 아메리카노 두 잔 주시겠어요?

A: 드시고 가세요?

B: 아니요, 가지고 갈게요.

A: 혹시 2) _____ 필요하세요?

B: 아니요, 괜찮아요.


**PART 11-2**

A: 안녕하세요. 주문하시겠어요?

B: 네, 아메리카노 하나, 카페라테 하나, 그리고 치즈케이크요.

A: 네, 1) _____ 해 드릴게요. 아메리카노 하나, 카페모카 하나, 치즈케이크 하나. 2) _____ 두 개 케이크 하나, 맞으세요?

B: 아니요, 아메리카노 하나랑 가페라테 하나예요. 그리고 치즈케이크요.

A: 앗, 죄송해요. 카페라테 시키셨죠? 드시고 가세요?

B: 네, 먹고 갈게요.

A: 케이크에 포크 두 개, 괜찮으세요?

B: 네.

A: 그럼 준비되면 3)_____로 알려 드릴게요. 잠시만 기다려 주세요.

## PART 11-3

A: 뭘로 드릴까요?

B: 카페모카 하나 주시겠어요?

A: 네, 카페모카 하나요. 아이스로 드릴까요? 뜨거운 걸로 드릴까요?

B: 아이스로 주세요.

A: 아이스 카페모카 위에 1)_____ 괜찮으세요?

B: 아니요, 빼 주세요.

A: 네, 또 필요한 건 없으시고요?

B: 네, 없어요.

A: 네, 아이스 카페모카 한 잔, 4,300원입니다.

B: 아, 2)_____ 비번 좀 알 수 있을까요?

A: 와이파이 아이디와 3)_____는 영수증에 있습니다. 여기 카운터 옆에도 적혀 있고요.

B: 그렇군요. 감사합니다.

A: 음료 준비되면 영수증에 있는 4)_____로 불러 드릴게요. 잠시만 기다려 주세요.

PART 11-4

A: 113번 고객님, 주문하신 음료 나왔습니다. 113번 고객님, 주문하신 아이스 아메리카노, 따뜻한 캐모마일 차 나왔습니다.

B: 저기요, 저는 따뜻한 아메리카노 시켰는데요.

A: 앗, 죄송합니다. 제가 1)_____ 들은 것 같습니다. 금방 다시 해 드릴게요. 캐모마일 차는 따뜻한 거 맞으시죠?

B: 네, 맞아요.

A: 그럼 다시 만들어서 같이 드릴까요? 아니면 캐모마일 차 먼저 가져가시겠어요?

B: 이거 먼저 가져갈게요. 그런데 제가 이따가 나가 봐야 하는데 아메리카노는 2)_____ 잔에 주실 수 있나요?

A: 아, 고객님, 매장에서 드실 때는 3)_____을 사용해야 해서요. 나가실 때 말씀해 주시면 일회용 컵에 4)_____ 드리겠습니다.

B: 네, 알겠습니다.

---

**정답**

| PART 11-1 | PART 11-2 | PART 11-3 | PART 11-4 |
|-----------|-----------|-----------|-----------|
| 1) 아이스 | 1) 확인 | 1) 휘핑크림 | 1) 잘못 |
| 2) 캐리어 | 2) 음료 | 2) 와이파이 | 2) 일회용 |
|  | 3) 진동벨 | 3) 비밀번호 | 3) 머그컵 |
|  |  | 4) 대기 번호 | 4) 옮겨 |

한국에서 생활하며 들을 수 있는, 알아 두면 쓸모 있는 표현들로 회화 실력 UP!

뭐 필요한 거 있으세요?

저, 너무 추워서 그러는데요, 에어컨 좀 꺼 주실 수 있나요?

아, 지금 25도로 맞춰 놓은 건데,
온도를 올리면 다른 손님들이 불편해 하셔서요.
죄송합니다.

그렇군요. 그럼 혹시 담요 같은 거 있나요?
무릎이라도 덮고 있으려고요.

아, 담요는 저쪽 잡지 있는 곳에 있으니까 가져다 쓰시면 됩니다.
그리고 자리를 옮기시는 건 어떠세요?
제가 그나마 덜 추운 자리를 알려 드릴게요.

아, 그럴게요.

저쪽 기둥 뒤편이 에어컨 바람이 잘 닿지 않아서
손님들이 덥다고 하는 자리예요.

네, 그쪽으로 옮길게요.
저, 그리고 혹시 음악 좀 줄여 주실 수 있나요?

한국에서 생활하며 들을 수 있는, 알아 두면 쓸모 있는 표현들로 회화 실력 UP!

아, 다른 손님도 계셔서 볼륨을 줄이는 건 좀 그렇고….
혹시 듣기에 좀 더 편안한 음악 있으면 말씀해 주시겠어요?
그걸로 틀어 드릴게요.

아, 그럼 가사 없고 잔잔한 음악으로 부탁드려도 될까요?
여기는 공부하는 분들이 많아서 그 정도는 괜찮을 것 같은데요.

네, 그럼 제가 얼른 찾아 볼게요.

감사합니다.

**실력 UP!** 단어·표현 알아보기 ·······

★ 담요: 깔거나 덮을 수 있는 작은 이불
★ 그나마: 좋지 않거나 모자라지만 그것이라도
★ 기둥: 건물의 지붕이나 천장을 받치기 위해 나무나 콘크리트로 세운 것
★ 닿다: 어떤 곳에 도착하다.
★ 볼륨(volume): 소리의 크기
★ 틀다: 작동하게 하다. / (음악이) 나오게 하다.

### '아이스(ice)'의 반대는 뭐예요?

카페에서 음료를 주문할 때 시원한 음료와 따뜻한 음료 중에서 선택하는 경우가 많이 있습니다. 예를 들어 카페라테를 주문할 때 시원한 음료를 원하면 '아이스 카페라테'라고 말하면 됩니다. 그런데 따뜻한 음료를 원하면 '핫(hot) 카페라테'라고 하지 않고 '따뜻한(또는 뜨거운) 카페라테'라고 합니다. 이유는 알 수 없지만, 한국 사람들은 시원한 음료를 말할 때는 '아이스(ice)'라는 영어를 많이 사용하고, 따뜻한 음료를 말할 때는 '핫(hot)'이라는 영어를 거의 사용하지 않습니다. 많은 음료 중에서 딱 두 개의 음료에만 '핫(hot)'을 사용하는데요, 바로 '아메리카노'와 '초코라테'입니다. 따뜻한 아메리카노는 '따뜻한/뜨거운/핫 아메리카노'를 모두 사용하고, 따뜻한 초코라테는 보통 '핫 초코'라고 말합니다.

**메모**

# PART
# 12

# 영화관에서 영화 보기

1. 영화 좋아해요?

2. 영화 시작 15분 전부터 입장 가능하세요.

3. 좌석을 선택해 주세요.

4. 표를 다시 한번 확인해 주시겠어요?

## 알아 두면 쓸모 있는 한국 문화

[반값 할인, 꼭 이용하세요!]

여러분은 영화 좋아하세요? 보통 영화를 볼 때는 영화관에 가서 보나요? 아니면 집에서 TV로 보나요? 만약에 영화관에서 본다면 주로 무슨 요일에 가시나요? 아마 주말에 많이 갈 거예요. 주말에 시간이 있으니까요. 그런데요, 평일에 영화를 보러 가 보는 건 어때요? 평일에 영화관에 가면 사람이 적어서 좀 여유롭게 영화를 볼 수 있어요. 게다가 날짜를 잘 맞추면 영화표를 반값에 살 수 있어요. 매월 마지막 주 수요일은 '문화가 있는 날'이어서 영화뿐만 아니라 여러 가지 공연과 전시의 관람료를 50% 할인해 주거든요. 여러분도 '문화가 있는 날'을 잘 이용해서 '문화가 있는 삶'을 사세요.

- 액션 영화보다는 코미디나 로맨스 영화를 더 좋아해요.

- 이번에 새로 개봉한 애니메이션 영화가 있던데 같이 보러 갈래요?

- 인터넷으로 예매했는데, 티켓 출력 좀 해 주시겠어요?

- 영화 시작 전 5분까지는 입장해 주셔야 합니다.

- 앞에 있는 화면에서 좌석 선택해 주시겠어요?

- 여기는 제가 예매한 자리인 것 같은데요.

- 저는 앞에 있는 번호로 확인하는 줄 알았어요.

# 영화
# 좋아해요?

**지영** ▶ 유토 씨, 영화 좋아하세요?

Yuto, do you like movies?

**유토** ▶ 네, 정말 좋아해요. 지영 씨는 어떤 장르의 영화를 좋아해요?

Yes, I really like movies. What genre of movies do you like?

**지영** ▶ 저는 공포 영화 빼고 다 좋아해요. 유토 씨는요?

I like everything except horror movies. How about you?

요즘은 액션 영화를 좋아하는 사람들이 많던데, 유토 씨도 액션 영화 좋아하세요?

A lot of people like action movies these days, do you like action movies?

**유토** ▶ 아니요, 저는 액션 영화보다는 코미디나 로맨스 영화를 더 좋아해요.

No, I like comedy and romance more than action movies.

애니메이션도 좋아하고요.

I also like animation movies.

**지영** ▶ 아, 그래요? 이번에 새로 개봉한 애니메이션 영화가 있던데 같이 보러 갈래요?

Oh yeah? the new animation movie has just been released. Would you like to go see it together?

**유토** ▶ 네, 좋아요. 그렇지 않아도 그 영화를 보고 싶었는데.

Oh, I'd like that. I have been really looking forward to seeing it.

## 제가 예매해 놓을게요.

I'll reserve it.

**talk talk 단어 · 표현**

• 예매: 표를 미리 사는 것

# 2

## 영화 시작 15분 전부터 입장 가능하세요.

**직원** ▶ 172번 고객님, 무엇을 도와드릴까요?

Customer number 172, how can I help you?

**제니** ▶ 인터넷으로 예매했는데, 티켓 출력 좀 해 주시겠어요?

I made a reservation through the internet, please can you print out the ticket?

**직원** ▶ 입장하실 때 상영관 앞에서 저희 직원에게 어플 예매 화면만 보여 주시면 입장 가능하신데, 그래도 출력해 드릴까요?

When entering, you can just show the app reservation screen to the member of staff, do you still need to print out your ticket?

**제니** ▶ 네, 그래도 출력해 주세요.

Yes, please print it anyway.

**직원** ▶ 그러면 예매 번호나 핸드폰 번호 알려 주시거나 어플 예매 화면 보여 주시겠어요?

Please give me your reservation or phone number and show me your app reservation screen as well.

**제니** ▶ 네, 여기요.

Okay, here you go.

**직원** ▶ 네, 바로 발권 도와드리겠습니다. 잠시만 기다려 주세요.

I'll print those out right away. Please wait.

**고객님, 관람권 확인해 드리겠습니다.
저녁 7시 40분, 성인 두 분이시네요.**

I will just confirm everything is correct,
that's two adult tickets for 7:40 p.m.

**8관 L15, 16번 좌석입니다.**

Your seats are numbers L15 and 16 in
theater 8.

**talk talk 단어 · 표현**
- 성인: 스무 살이 넘은 어른
- 좌석: 앉을 수 있는 자리
- 입장(하다): 안으로 들
  어가다.

제니 ▶ **언제부터 입장할 수 있어요?**

When can we go in?

직원 ▶ **영화 시작 15분 전부터 입장하실 수 있
고요, 늦어도 영화 시작 5분 전까지는
입장해 주셔야 합니다.**

You can enter 15 minutes before the start
of the movie but no later than 5 minutes
before.

제니 ▶ **네, 고맙습니다.**

Thank you.

직원 ▶ **감사합니다. 즐거운 영화 관람되십시오.**

Thank you. Enjoy the movie.

# 좌석을 선택해 주세요.

**talk talk 단어 · 표현**

- 화면: 그림이나 영상이 나타나는 면
- 빈자리: 사람이 앉지 않은 자리. 비어 있는 자리
- 상영: 사람들에게 영화를 보여 주는 것

---

케빈 ▶ **2시 40분에 하는 <미니언즈> 두 장 주세요.**

Please give me two tickets for <Minions> starting at 2:40.

직원 ▶ **네, 2시 40분, <미니언즈>, 성인 두 분 예매해 드리겠습니다.**

Okay, <Minions>, 2:40, for two adults.

**앞에 있는 화면에서 좌석 선택해 주시겠어요?**

Please select the seats you would like on the screen in front of you.

**하얀색이 선택하실 수 있는 빈자리예요.**

The white ones are the empty seats available to choose from.

케빈 ▶ **어? 두 명 자리가 붙은 데는 없네요?**

Oh, There are no two seats together.

직원 ▶ **네, 상영 시간이 얼마 남지 않아서요.**

Yes, there's not much time before the movie starts.

**혹시 다른 시간대로 봐 드릴까요?**

Can I check another time for you?

**3시 10분에 시작하는 것도 있는데, 거기서 좌석 선택하시겠어요?**

There is a movie starting at 3:10, would you like to select seats there?

**케빈** 3시 10분이면 얼마 차이 안 나네요. 그럼 그 시간으로 할게요.

Oh, 3:10? That's not much later. I'll go with that time.

뒤쪽에 M16, 17, 두 자리 주세요.

Please reserve seats N16 and 17 in the back.

**직원** 네, 알겠습니다. 표 확인해 드릴게요.

All right. I'll confirm those tickets.

영화 <미니언즈> 성인 두 분이시고요, 3시 10분, 두 자리 결제하겠습니다.

<Minions> for two adults, starting at 3:10. Can I take a payment, please?

**케빈** 네, 이 카드로 해 주세요.

Yes, please use this card.

**직원** 결제됐습니다. 티켓 받아 주세요.

The payment has been made, please collect your tickets.

영화 시작 10분 전부터 입장 가능하시고, 4관으로 입장해 주시면 됩니다.

You can enter from 10 minutes before the movie starts, please enter the 4th hall.

즐거운 관람되십시오.

Enjoy the movie.

**talk talk 단어·표현**
- 관람: 연극, 영화, 운동 경기, 미술품 등을 구경 하는 것

# 4

## 표를 다시 한번 확인해 주시겠어요?

**케빈** ▶ 저, 죄송한데요, 여기는 제가 예매한 자리인 것 같은데요.
I'm sorry, but I think these are the seats I reserved.

**관객** ▶ 네? 그래요? 이상하네요.
What? Really? That's strange.

여기가 제 자리 맞는데요.
I'm sure these are our seats.

**케빈** ▶ 저희가 M열 16번, 17번 예매했거든요.
We reserved No.16 and 17 in row M.

두 분이 앉아 계신 두 자리인 것 같은데요.
I think that's the two seats where you are sitting.

**관객** ▶ 잠시만요. 제가 제 표를 다시 한번 확인해 볼게요.
Hold on a second. Let me check my ticket again.

저, M열이라고 하셨지요?
You said row M, right?

**케빈** ▶ 네, 맞아요. M열 16, 17번요.
Yes, that's right. Row M, No.16 and 17.

**관객** ▶ 그럼 여기 앞줄이네요.
Then it's the row in front.

여기는 N열이고요. 의자 등받이 위쪽에
좌석 번호가 쓰여 있어요.

This is row N, the seat number is written on
the top of the back of the chair.

**케빈** 아, 그렇군요. 저는 앞에 있는 번호로 확
인하는 줄 알았어요. 죄송합니다.

Oh, I see. I thought I should check the
number on the front. Sorry!

**관객** 괜찮습니다. 영화 재미있게 보세요.

It's okay. Enjoy the movie.

**케빈** 네, 감사합니다.

Thank you.

**PART 12-1**

A: 유토 씨, 영화 좋아하세요?

B: 네, 정말 좋아해요. 지영 씨는 어떤 1)_____의 영화
를 좋아해요?

A: 저는 2)_____ 영화 빼고 다 좋아해요. 유토 씨는요?
요즘은 액션 영화를 좋아하는 사람들이 많던데, 유토 씨도
액션 영화 좋아하세요?

B: 아니요, 저는 액션 영화보다는 3)_____나
로맨스 영화를 더 좋아해요. 4)_____도
좋아하고요.

A: 아, 그래요? 이번에 새로 5)_____ 애니메이
션 영화가 있던데 같이 보러 갈래요?

B: 네, 좋아요. 그렇지 않아도 그 영화를 보고 싶었는데. 제가 예
매해 놓을게요.

**PART 12-2**

A: 172번 고객님, 무엇을 도와드릴까요?

B: 인터넷으로 예매했는데, 티켓 1)_____ 좀 해 주시겠
어요?

A: 입장하실 때 상영관 앞에서 저희 직원에게 어플 예매 화면만 보여 주시면 2)_____ 가능하신데, 그래도 출력해 드릴까요?

B: 네, 그래도 출력해 주세요.

A: 그러면 예매 번호나 핸드폰 번호 알려 주시거나 어플 예매 화면 보여 주시겠어요?

B: 네, 여기요.

A: 네, 바로 3)_____ 도와드리겠습니다. 잠시만 기다려 주세요. 고객님, 관람권 확인해 드리겠습니다. 저녁 7시 40분, 성인 두 분이시네요. 8관 L15, 16번 4)_____ 입니다.

B: 언제부터 입장할 수 있어요?

A: 영화 시작 15분 전부터 입장하실 수 있고요, 늦어도 영화 시작 5분 전까지는 입장해 주셔야 합니다.

B: 네, 고맙습니다.

A: 감사합니다. 즐거운 영화 5)_____ 되십시오.

**PART 12-3**

A: 2시 40분에 하는 <미니언즈> 두 장 주세요.

B: 네, 2시 40분, <미니언즈>, 1) _____ 두 분 예매해 드리겠습니다. 앞에 있는 2) _____ 에서 좌석 선택해 주시겠어요? 하얀색이 선택하실 수 있는 빈자리예요.

A: 어? 두 명 자리가 붙은 데는 없네요?

B: 네, 3) _____ 시간이 얼마 남지 않아서요. 혹시 다른 시간대로 봐 드릴까요? 3시 10분에 시작하는 것도 있는데, 거기서 좌석 선택하시겠어요?

A: 3시 10분이면 얼마 차이 안 나네요. 그럼 그 시간으로 할게요. 뒤쪽에 M16, 17, 두 자리 주세요.

B: 네, 알겠습니다. 표 확인해 드릴게요. 영화 <미니언즈> 성인 두 분이시고요, 3시 10분, 두 자리 결제하겠습니다.

A: 네, 이 카드로 해 주세요.

B: 결제됐습니다. 티켓 받아 주세요. 영화 시작 10분 전부터 입장 가능하시고, 4관으로 입장해 주시면 됩니다. 즐거운 관람 되십시오.

A: 저, 죄송한데요, 여기는 제가 1)＿＿＿＿＿＿한 자리인 것 같은데요.

B: 네? 그래요? 이상하네요. 여기가 제 자리 맞는데요.

A: 저희가 M열 16번, 17번 예매했거든요. 두 분이 앉아 계신 두 자리인 것 같은데요.

B: 잠시만요. 제가 제 표를 다시 한번 2)＿＿＿＿＿＿해 볼게요. 저, M열이라고 하셨지요?

A: 네, 맞아요. M열 16, 17번요.

B: 그럼 여기 앞줄이네요. 여기는 N열이고요. 의자 3)＿＿＿＿ ＿＿＿ 위쪽에 좌석 번호가 쓰여 있어요.

A: 아, 그렇군요. 저는 앞에 있는 번호로 확인하는 줄 알았어요. 죄송합니다.

B: 괜찮습니다. 영화 재미있게 보세요.

A: 네, 감사합니다.

---

**정답** ......................................................................

| PART 12-1 | PART 12-2 | PART 12-3 | PART 12-4 |
|---|---|---|---|
| 1) 장르 | 1) 출력 | 1) 성인 | 1) 예매 |
| 2) 공포 | 2) 입장 | 2) 화면 | 2) 확인 |
| 3) 코미디 | 3) 발권 | 3) 상영 | 3) 등받이 |
| 4) 애니메이션 | 4) 좌석 | | |
| 5) 개봉한 | 5) 관람 | | |

한국에서 생활하며 들을 수 있는, 알아 두면 쓸모 있는 표현들로 회화 실력 UP!

무엇을 도와드릴까요?

제가 예매를 했는데요, 혹시 표를 바꿀 수 있을까요?

네, 가능하세요.
그런데 사실 바꾼다기보다는 표를 취소하고
다시 산다고 생각하시면 될 것 같아요.

아, 그렇군요. 그럼 100% 환불해 주시나요?

잠시만요~
몇 시 영화를 예매하셨어요?

7시 40분 영화예요.

아, 그럼 100% 환불 가능해요.
영화 시작 20분 전까지는 100%, 그 후로는 50% 환불해 드리거든요.

그렇군요. 그럼 이거 환불해 주시고,
같은 영화 6시 10분 걸로 다시 해 주세요.

6시 10분, 그대로 성인 2명으로 해 드리면 될까요?

네, 맞아요.

네, 그럼 기존 티켓 취소하고 환불부터 도와드릴게요.
예매 화면을 보여 주시겠어요?

네, 여기요.

환불되셨고요, 열흘 안에 입금될 거예요.
그리고 예매 도와드릴게요. 잠시만요.
6시 10분 영화고요, 5관으로 입장하시면 됩니다.

네, 감사합니다.

---

**실력 UP!** 단어 · 표현 알아보기 ·····················································································

★ 취소(하다): 예정된 일을 없어지게 하다.

## '맨', '가장', '제일'…. 이 말들은 어떻게 달라요?

"한국 친구에게 '맨'이 뭐냐고 물어보니까 '가장'이라고 해서 '나는 액션 영화가 맨 좋아요.'라고 했어요. 그랬더니 그 친구가 막 웃었어요."

한국 친구가 거짓말을 한 걸까요? 아닙니다. '맨'은 '가장, 제일'이라는 뜻을 가지고 있습니다. 그런데 쓰는 곳이 좀 달라요. '가장'과 '제일'은 쓰는 곳이 비슷해서 거의 같은 말이라고 생각할 수 있습니다. 사전에서 '가장, 제일'을 찾아보면 둘 다 '여러 개 중에서 정도가 높거나 세게'라고 나오거든요.

'맨'도 '가장, 제일'처럼 정도가 더 할 수 없다는 뜻이 있어요. 그런데 '맨'은 주로 위치나 순서의 처음이나 마지막을 나타낼 때 씁니다. 예를 들면, '맨 처음, 맨 마지막, 맨 위, 맨 아래(맨 밑), 맨 앞, 맨 뒤' 등으로 사용하지요. 그러니까 "액션 영화가 맨 좋아요."라는 말은 잘못된 표현이에요.

| 맨 | 더 할 수 없을 정도나 경지에 있음을 나타내는 말 |
|------|---------------------------------------------|
| 가장 | 여럿 가운데 어느 것보다 정도가 높거나 세게 |
| 제일 | 여럿 가운데 가장 |

메모

# PART 13

🔊 MP3 13

# 미용실에서 머리하기

**1** 찾으시는 선생님이 있나요?

**2** 그냥 깔끔하게 다듬어 주세요.

**3** 염색보다는 코팅이 더 나아요.

**4** 두피 마사지 무료 쿠폰이에요.

## 알아 두면 쓸모 있는 한국 문화

[혹시…예약하셨어요?]

여러분은 미용실에 자주 가나요? 남자는 보통 미용실에 한 달에 한 번 정도 가는 것 같아요. 여자는 더 자주 가는 사람도 있고, 거의 안 가는 사람도 있는 것 같고요. 그런데 한국에서 미용실에 가려면 미리 전화를 하고 가는 게 좋아요. 요즘은 예약제로 운영을 하는 미용실이 많거든요. 그래서 예약을 하지 않고 그냥 미용실에 가면 머리를 할 수 없는 경우가 있어요. 만약에 전화하는 것이 좀 부담스럽다면 스마트폰을 사용해 보세요. 스마트폰 어플리케이션에서도 예약이 가능하거든요. 여러분, 사람이 언제 가장 예쁘고 멋있는지 아세요? 바로 미용실에서 나오는 순간이라고 합니다.

- 누가 잘라 주셔도 상관없어요.

- 이 모양 그대로 깔끔하게 다듬어 주시겠어요?

- 제품 발라 드릴까요?

- 펌 먼저 하고 코팅 들어갈게요.

- 넉넉잡아 4시간 가까이 걸린다고 생각해 주시면 될 것 같아요.

- 혹시 현금으로 결제하면 할인되나요?

- 언제든지 전화 주시면 예약 잡아 드릴 거예요.

# 찾으시는 선생님이 있나요?

미용사 ▶ **어서 오세요. 예약하셨나요?**

Welcome. Did you make a reservation?

케빈 ▶ **아니요, 예약해야 하나요? 커트하려고 하는데요.**

No, do I have to make a reservation? I want to have my hair cut.

미용사 ▶ **혹시 찾으시는 선생님 있으세요?**

Is there a particular hair designer that you would like?

케빈 ▶ **아니요, 지난번에 왔을 때 잘라 주신 선 생님도 좋고, 누가 잘라 주셔도 상관없 어요.**

No. I like the stylist who cut my hair last time, but it doesn't matter who cuts it.

미용사 ▶ **알겠습니다. 지금 손님이 별로 없어서 한 10분 정도만 기다려 주시면 될 것 같 아요.**

Okay. We don't have many customers right now, so there should only be a 10 minute wait.

케빈 ▶ **네, 알겠습니다.**

I see, thank you.

## 그냥 깔끔하게 다듬어 주세요.

**미용사 ▶** 안녕하세요. 어떻게 해 드릴까요?

Hello. how would you like me to do your hair?

커트하신다고 하셨죠?

You said you were going to cut it, right?

**케빈 ▶** 이 모양 그대로 깔끔하게 다듬어 주시겠어요?

Can you trim it and make it neat?

**미용사 ▶** 커트한 지 얼마나 되셨어요?

How long has it been since you cut your hair?

**케빈 ▶** 한 달이요.

A month.

**미용사 ▶** 옆머리는 밀어 드릴까요?

Do you want me to shave the sides of your hair?

**케빈 ▶** 네, 12mm로 밀어 주세요.

Yes, please shave it to 12mm.

**미용사 ▶** 평소에 머리 올리고 다니세요? 아니면 내리고 다니세요?

Do you usually style your hair up? Or do you style it down?

**케빈 ▶** 올리고 다녀요.

I wear it up.

**talk talk 단어 · 표현**

• 깔끔하다: 깨끗하다.

• 밀다: ① 사람이나 물건을 반대 방향으로 움직이도록 힘을 주다, ② 사람이 수염이나 털을 말끔하게 깎다, ③ 울퉁불퉁한 것을 없애거나 닦아 내다, ④ 다른 사람이 좋은 위치에 오르도록 내세우고 도와주다. 여기서는 ②의 뜻

**문법 check!**

• A/V + -(으)ㄴ 지 + [시간/기간]이/가 + 되다: 어떤 일을 하고 나서 시간이 얼마나 지났는지를 나타내는 표현

미용사 **다 됐습니다. 제품 발라 드릴까요?**

All done. Do you want me to apply some
hair product?

케빈 **네.**

Yes, please.

미용사 **평소에 머리 올리신다고 하셨죠?**

You said you usually style your hair up,
right?

**염색보다는 코팅이 더 나아요.**

**미용사** 제니 님, 안녕하세요.
Hello, Jenny.

펌하고 염색한다고 하셨죠?
You said you'd like to have a perm and color?

**제니** 네, 그런데 최근에 파마랑 염색을 자주 해서 머릿결이 많이 상한 것 같아요.
Yes, but lately, I have noticed a lot of damage because I perm and dye it so often.

**미용사** 그러네요. 머리끝이 많이 갈라져 있네요.
I see. Your hair is split a lot.

그러면 염색보다는 코팅을 하시는 게 어때요?
Then how about a coating rather than dyeing?

코팅이 머릿결 손상이 좀 적거든요.
The coating gives less damage to the hair.

**제니** 코팅만 해도 색이 잘 나오나요?
Does the color come out well just by coating?

**미용사** 네, 손님은 펌이랑 염색을 자주 하셔서 코팅만 해도 색이 잘 나올 거예요.
Yes, you often perm and dye, so the color will come out just by coating.

**talk talk 단어 · 표현**

- 파마: 화학 약품으로 머리카락을 곱슬곱슬하게 하는 것 (= 펌)
- 염색: 여러 가지 색깔로 물들이는 것
- 갈라지다: 둘 이상으로 나누어지다.
- 손상: 깨지거나 상함.

**제니** 그러면 그렇게 해 주세요. 아, 그리고 볼 드펌해 주시고요.

Then please do that, and give me a bold perm, please.

**미용사** 네, 그러면 펌 먼저 하고 코팅 들어갈게요.

Alright, then I will perm first and then coat.

그래야 웨이브가 탄력 있고 색도 잘 나오거든요.

That way, the waves are elastic and the colors come out well.

**제니** 알겠습니다. 그런데 시간은 얼마나 걸릴까요?

All right. By the way, how long will it take?

**미용사** 3시간 정도…. 아니 넉넉잡아 4시간 가까이 걸린다고 생각해 주시면 될 것 같아요.

About 3 hours…. No, actually I think you can think of it as roughly 4 hours if you have enough time.

---

**talk talk 단어 · 표현**

- 웨이브: 물결처럼 이리저리 굽어져 있는 것
- 탄력: 힘이 넘치고 팽팽하게 버티는 힘
- 넉넉잡다: 여유 있게 계산하다.

**미용사** ▶ 계산 도와드릴까요?

Can I take your payment?

두 분 계산 같이 도와드릴까요?

Would you like to pay for it all together?

**제니** ▶ 네, 얼마예요?

Yes, please. How much will it be?

**미용사** ▶ 남자분 커트는 15,000원이고요, 여자 분 펌은 17만 원, 염색은 8만 원, 모두 26만 5천 원입니다.

The men's cut is 15,000 won, a women's perm is 170,000 won, color is 80,000 won, so all together it will be 265,000 won.

**제니** ▶ 혹시 현금으로 결제하면 할인되나요?

Is there a discount if I pay in cash?

**미용사** ▶ 현금 결제하시면 5 퍼센트 할인해 드려요.

If you pay in cash, we will give you a 5% discount.

**제니** ▶ 아, 그러면 그냥 카드로 결제할게요.

Oh, then I'll just pay by card.

**미용사** ▶ 네, 26만 5천 원 결제하겠습니다.

Okay, I will process 265,000 won.

손님, 이건 제 명함이고요, 이건 저기 남 자 분 드리는 명함이요.

Here is my business card, and this is the business card for the man over there.

# 4

## 두피 마사지 무료 쿠폰이 에요.

**talk talk 단어 · 표현**

- 할인: 정한 값을 깎아 주는 것
- 명함: 성명, 주소, 직업, 신분 따위를 적은 작 은 종이

그리고 이건 20만 원 이상 결제하신 고
객님들께 드리는 쿠폰이에요.

Also here is a coupon for customers who
have spent more than 200,000 won.

제니 ▶ 할인 쿠폰인가요?

Is it a discount coupon?

미용사 ▶ 아, 두피 마사지 무료 쿠폰인데요.

No, it's a free coupon for a scalp massage.

언제든지 전화 주시면 예약 잡아 드릴
거예요.

Please call me anytime, and I'll make a
reservation for you.

그냥 마사지 받으러 오셔도 되고, 머리
하실 때 오셔서 마사지까지 받으셔도
되고요.

You can come just for the massage, or
come get it when you have your hair done.

제니 ▶ 네, 고맙습니다.

Thank you.

**PART 13-1**

A: 어서 오세요. 1) _____ 하셨나요?

B: 아니요, 예약해야 하나요? 2) _____ 하려고 하는데요.

A: 혹시 찾으시는 선생님 있으세요?

B: 아니요, 지난번에 왔을 때 잘라 주신 선생님도 좋고, 누가 잘라 주셔도 상관없어요.

A: 알겠습니다. 지금 손님이 3) _____ 없어서 한 10분 정도만 기다려 주시면 될 것 같아요.

B: 네, 알겠습니다.

**PART 13-2**

A: 안녕하세요. 어떻게 해 드릴까요? 커트하신다고 하셨죠?

B: 이 모양 그대로 1) _____ 하게 2) _____ 주시겠어요?

A: 커트한 지 얼마나 되셨어요?

B: 한 달이요.

A: 옆머리는 3)_____ 드릴까요?

B: 네, 12mm로 밀어 주세요.

A: 평소에 머리 올리고 다니세요? 아니면 내리고 다니세요?

B: 올리고 다녀요.

A: 다 됐습니다. 4)_____ 발라 드릴까요?

B: 네.

A: 평소에 머리 올리신다고 하셨죠?

**PART 13-3**

A: 제니 님, 안녕하세요. 펌하고 1)_____한다고 하셨죠?

B: 네, 그런데 최근에 2)_____랑 염색을 자주 해서 머릿결이 많이 상한 것 같아요.

A: 그러네요. 머리끝이 많이 3)_____ 있네요. 그러면 염색보다는 코팅을 하시는 게 어때요? 코팅이 머릿결 4)_____이 좀 적거든요.

B: 코팅만 해도 색이 잘 나오나요?

A: 네, 손님은 펌이랑 염색을 자주 하셔서 코팅만 해도 색이 잘 나올 거예요.

B: 그러면 그렇게 해 주세요. 아, 그리고 볼드펌해 주시고요.

A: 네, 그러면 펌 먼저 하고 코팅 들어갈게요. 그래야 웨이브가 5)＿＿＿＿＿＿ 있고 색도 잘 나오거든요.

B: 알겠습니다. 그런데 시간은 얼마나 걸릴까요?

A: 3시간 정도…. 아니 6)＿＿＿＿＿＿ 4시간 가까이 걸린다고 생각해 주시면 될 것 같아요.

**PART 13-4**

A: 계산 도와드릴까요? 두 분 계산 같이 도와드릴까요?

B: 네, 얼마예요?

A: 남자분 커트는 15,000원이고요, 여자분 펌은 17만 원, 염색 은 8만 원, 모두 26만 5천 원 입니다.

B: 혹시 현금으로 결제하면 할인되나요?

A: 현금 결제하시면 5 퍼센트 1)＿＿＿＿＿＿ 해 드려요.

B: 아, 그러면 그냥 카드로 결제할게요.

A: 네, 26만 5천 원 결제하겠습니다. 손님, 이건 제 2)_____이고요, 이건 저기 남자 분 드리는 명함이요. 그리고 이건 20만 원 이상 결제하신 고객님들께 드리는 3)_____이에요.

B: 할인 쿠폰인가요?

A: 아, 두피 마사지 무료 쿠폰인데요, 언제든지 전화 주시면 예약 4)_____ 드릴 거예요. 그냥 마사지 받으러 오셔도 되고, 머리 하실 때 오셔서 5)_____까지 받으셔도 되고요.

B: 네, 고맙습니다.

**정답**

| PART 13-1 | PART 13-2 | PART 13-3 | PART 13-4 |
|-----------|-----------|-----------|-----------|
| 1) 예약 | 1) 깔끔 | 1) 염색 | 1) 할인 |
| 2) 커트 | 2) 다듬어 | 2) 파마 | 2) 명함 |
| 3) 별로 | 3) 밀어 | 3) 갈라져 | 3) 쿠폰 |
| | 4) 제품 | 4) 손상 | 4) 잡아 |
| | | 5) 탄력 | 5) 마사지 |
| | | 6) 넉넉잡아 | |

한국에서 생활하며 들을 수 있는, 알아 두면 쓸모 있는 표현들로 회화 실력 UP!

어서 오세요. 혹시 예약하셨어요?

네, 1시 예약인데 제가 좀 일찍 왔네요.
앉아서 기다릴게요.

아, 어떤 선생님이시죠?

루나 선생님이요.

아, 지금 잠깐 자리를 비우셨는데
선생님이 1시 예약 알고 계시니까 곧 오실 거예요.
혹시 차 한잔 드릴까요?

네, 커피 주시겠어요?

어? 일찍 오셨네요. 많이 기다리셨죠? 죄송해요.

아, 방금 왔어요. 제가 일찍 온 건데요 뭐.

이쪽으로 앉으시겠어요? 오늘 스타일링하신다고 하셨죠?

네, 오늘 오후에 프로필 사진 촬영이 있어서요.
메이크업이랑 헤어스타일링하려고요.

한국에서 생활하며 들을 수 있는, 알아 두면 쓸모 있는 표현들로 회화 실력 UP!

네, 어떤 느낌으로 하실지 생각해 오신 게 있나요?

조금 화려한 느낌이었으면 좋겠어요.
너무 무겁지 않고 활발한 느낌이 나게요.

그러면 제가 사진 몇 장 보여 드릴게요. 잠시만요.

그런데 시간은 얼마나 걸릴까요?
제가 4시까지는 가야 해서요.

아, 그러면 3시 반에는 나가 보셔야 되는 거죠?
그 정도면 충분할 것 같아요.

아, 그래요? 다행이네요.

**실력 UP!** 단어 · 표현 알아보기 ……………………………………………………

★ 자리를 비우다: 다른 곳에 가서 이 자리에 없다.
★ 프로필 사진(profile-): 자신을 소개하기 위해 찍는 사진
★ 화려하다: 밝고 아름다운 느낌이 있다.
★ 무겁다: 중요한 자리에 어울리는 느낌이 있다.

## 미용실에서 쓰는 표현을 더 알고 싶어요!

| | | |
|---|---|---|
| 머리(를)<br>하다 | 커트(cut) | 머리를 자르다. |
| | 다듬다 | 머리를 아주 조금 자르다. |
| | 밀다 | (기계를 사용해서) 머리를 매우 짧게 자르다. |
| | 펌/파마(perm) | 머리를 구부리거나 곧게 펴다. |
| | 염색 | 색깔이 바뀌게 하다. |
| | 코팅 | 머리카락에 얇은 막(layer)을 입히다. |
| | 스타일링(styling) | 머리 모양을 만들다. |
| 기타 | 메이크업(make up) | 화장을 하다. |

## '도, 까지, 마저, 조차'…. 어떤 것을 써야 해요?

"영어 'too, also'의 뜻을 갖는 한국어는 '도, 까지, 마저, 조차' 이렇게 네 가지가 있는데 무엇을 쓰는 것이 좋을까요? 아무거나 써도 될까요?" 이 질문에 제가 시원하게 답을 해 드릴게요. 아무거나 쓰지 마시고, '도'만 쓰세요. 네 어휘 모두 '이미 어떤 것이 포함되고 그 위에 더함'이라는 비슷한 의미를 갖고 있는데 아주 조금씩 다른 뜻을 가지고 있어서 어떤 곳에는 아주 잘 어울리고, 어떤 곳에는 어색할 수 있어요. 그런데 너무 다.행.히.도 '도'는 모든 곳에 다 잘 어울립니다. 그러니까 '도'만 사용하면 여러분이 틀릴 일이 전혀 없지요.

아, 그리고 이런 뜻을 가진 어휘는 사실 네 개가 아니라 일곱 개입니다. '도, 까지, 마저, 조차, 까지도, 마저도, 조차도'.

| | |
|---|---|
| 도 | 이미 어떤 것이 포함되고 그 위에 더함의 뜻을 나타내는 보조사 |
| 마저 | 이미 어떤 것이 포함되고 그 위에 더함의 뜻을 나타내는 보조사<br>하나 남은 마지막임을 나타낸다. |
| 조차 | 이미 어떤 것이 포함되고 그 위에 더함의 뜻을 나타내는 보조사<br>일반적으로 예상하기 어려운 극단의 경우까지 양보하여 포함함을 나타낸다. |
| 까지 | 이미 어떤 것이 포함되고 그 위에 더함의 뜻을 나타내는 보조사 |

# 잃어버린 물건 찾기

1. 나 큰일 났어. 어떡해.

2. 사례하고 싶으면 여기로 연락하세요.

3. 열차 번호를 알아 뒀으니까 찾을 수 있을 거야.

4. 분실물이 들어왔는지 확인해 볼게요.

## 알아 두면 쓸모 있는 한국 문화

[물건을 잃어버렸을 때는 'LOST112'를 이용하세요.]

여러분은 한국에 와서 물건을 잃어버린 적이 있나요? 물건을 잃어버리면 어떻게 찾을 수 있을까요? 지하철이나 버스에서 분실했으면 그곳의 유실물 센터에 연락을 해야 돼요. 그런데 대중교통이 아닌 다른 곳에서 물건을 잃어버리면 어떻게 해야 할까요? 대한민국 경찰청에서는 유실물 통합 관리 시스템 'LOST112'를 운영하고 있습니다. 이 사이트에 들어가면 먼저 여러분이 분실한 물건을 검색해 볼 수 있고요, 만약에 없으면 분실 신고를 할 수도 있어요. 나중에 신고한 분실물을 거기서 습득하면 여러분에게 연락을 해 줘요. 가장 좋은 것은 물건을 잃어버리지 않는 것이지만, 만약에 잃어버리더라도 너무 걱정하지 마세요. 꼭 다시 찾을 수 있을 거예요.

- 나 큰일 났어. 지갑을 잃어버렸어. 어떡해.

- 도서관 화장실에 놓고 온 것 같아서 다시 가 봤는데 없더라고.

- 지갑을 찾아 주신 분 연락처는 여기 적어 뒀습니다.

- 지갑이라도 찾아서 정말 다행이에요.

- 내가 열차 번호를 찍었으니까 찾을 수 있을 거야.

- 내가 유실물 센터 홈페이지에 신고할게.

- 그럼 혹시 열차 번호나 칸 번호는 알고 계세요?

- 들어온 물건이 있는지 바로 확인해 볼게요.

# 나 큰일 났어.
# 어떡해.

## talk talk 단어·표현

* 큰일 나다: 아주 큰 운 제가 생기다.
* 경비실: 사고가 나지 않 도록 살피고 지키는 일을 위해 마련된 장소
* 분실물: 잃어버린 물건 (≒ 유실물)
* 사서: 도서관에서 책을 관리하는 사람

---

**유빈** 왜 그래? 무슨 일 있어?
What's wrong? What happened?

얼굴이 안 좋아 보이네.
You look worried.

**프엉** 나 큰일 났어.
I'm in trouble.

지갑을 잃어버렸어. 어떡해.
I lost my wallet. Oh my God.

**유빈** 어디서?
Where?

**프엉** 도서관 화장실에 놓고 온 것 같아서 다시 가 봤는데 없더라고. 어떡하지?
I thought I left it in the library restroom, so I went back but it wasn't there. What can I do?

**유빈** 우선 경비실에 가서 물어보자.
First, go to the security office and ask about it.

분실물 신고가 들어왔을 수도 있으니까.
It might have been handed in there.

아, 그 전에 사서 선생님께 먼저 물어보고.
Oh, actually before that, ask the librarian.

**프엉** 찾을 수 있을까?
Will I find it?

돈이랑 카드도 들어 있고, 소중한 사진
도 들어 있는데.

It contains money, cards, and some
precious photos.

**유빈** 걱정 마. 찾을 수 있을 거야.

Don't worry. You will find it.

# 2

## 사례하고 싶으면 여기로 연락하세요.

📌 **talk talk 단어 · 표현**

- 장지갑: 긴 모양의 지갑
- 체크무늬(check pattern): 바둑판 모양의 무늬

**프엉▶** 안녕하세요?
Hello?

**경비▶** 네, 무슨 일로 오셨어요?
Yes, what can I do for you?

**프엉▶** 제가 화장실에서 지갑을 잃어버려서요.
I lost my wallet in the restroom.

**경비▶** 어? 몇 층 화장실에서요?
What floor?

**프엉▶** 3층이요.
The third floor.

빨간색 장지갑인데요, 한쪽은 체크무늬 천으로 되어 있어요.
It's a long red wallet, with checkered fabric on one side.

**경비▶** 아, 이거 맞으세요?
Oh, this wallet, right?

**프엉▶** 네, 맞아요. 아, 정말 고맙습니다.
Yes, that's right. Oh, thank you so much.

안에 신분증 있으니까 제 거라는 거 확인하실 수 있을 거예요.
There's an ID inside, so you can confirm it's mine.

**경비** 제가 확인해 보니까 현금은 없더라고요.

I checked, and there was no cash in the wallet.

지갑을 찾아 주신 분 연락처는 여기 적어 뒀습니다.

I have written down the contact information of the person who found the wallet here.

혹시 궁금한 게 있으시거나 사례하실 거면 여기로 연락하세요.

If you have any questions or would like to give a reward, please contact them.

**프엉** 아, 그렇군요. 돈이 조금 들어 있기는 했지만, 지갑이라도 찾아서 정말 다행이에요.

I see. There was some money in it, but I'm just really glad I found it.

정말 감사합니다.

Thank you very much.

**경비** 다른 거 없어진 건 없어요?

Is there anything else missing?

신용카드 같은 게 없어졌으면 분실 신고를 빨리 해야 해요.

If your credit card or anything is missing you should report the loss as soon as possible.

**프잉** 아, 네, 현금 빼고 다른 건 다 있는 것 같아요. 아, 정말 고맙습니다.

I think I have everything other than the cash. Thank you very much.

---

📌 **talk talk 단어 · 표현**
- 사례: 고맙다는 마음을 표현하기 위해 선물이나 돈을 주는 것

📌 **문법 check!**
- N + (이)라도: 가장 좋은 것은 아니어서 아쉽지만 그래도 괜찮다는 것을 나타내는 표현

# 3

## 열차 번호를 알아 뒀으니까 찾을 수 있을 거야.

**유토** 어? 나 쇼핑백 두고 내렸어. 어떡해!

Huh? I left my shopping bag when I got off! Oh my God.

**지영** 카메라, 카메라! 지하철 떠나기 전에 빨리 사진 찍자.

Let's take a picture quickly before leaving the subway.

**유토** 어떡해. 찾을 수 있을까?

Oh no, will I find it?

**지영** 걱정 마. 내가 열차 번호를 찍었으니까 찾을 수 있을 거야.

Don't worry. I took the train number so you will find it.

열차 번호와 칸 번호, 잃어버린 시간과 역 이름을 알면 찾을 수 있어.

You can find it if you know the train and car number, the time of loss and the station name.

**유토** 아, 그래? 꼭 찾았으면 좋겠는데.

Is that so? I really hope I find it.

**지영** 지금 내가 유실물 센터 홈페이지에 신고할게. 잠깐 기다려 봐.

I'll report it to the lost and found website right now. Wait a minute.

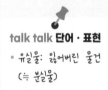

**talk talk 단어·표현**
• 유실물: 잃어버린 물건
  (≒ 분실물)

## 쇼핑백 어떻게 생겼지?

What does the shopping bag look like?

**유토** ▶ 하얀 종이 쇼핑백에 갈색 구두 박스, 안에는 아까 샀던 검은색 구두 한 켤레 들었어.

It's a white paper shopping bag with a brown dress shoe box inside, there's a pair of black dress shoes I bought earlier in it.

**talk talk 단어 · 표현**

• 갈색: 마른 나뭇잎처럼 거무스름한 누런색 (brown)

**문법 check!**

• 켤레: 신발이나 양말 등의 두 짝을 한 벌로 세는 단위

# 4

## 분실물이 들어왔는지 확인해 볼게요.

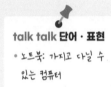

**talk talk 단어 · 표현**

• 노트북: 가지고 다닐 수 있는 컴퓨터

---

**직원** 어서 오세요. 어떻게 오셨어요?

Hello. What brings you here?

**케빈** 지하철에서 노트북 가방을 놓고 내렸는데요.

I left my laptop bag on the subway when I got off.

**직원** 혹시 로스트112(lost112)에 신고하셨나요?

Did you report it to 'Lost 112'?

**케빈** 네? 그게 뭐예요?

No? what's that?

**직원** 유실물 통합 홈페이지인데, 물건을 분실했을 때 신고하는 곳이에요.

It's an integrated lost and found website, where you can report lost items.

**케빈** 아, 그건 지금 처음 알았네요.

That's the first time I've heard of it.

1, 2호선 유실물 센터가 시청역에 있다고 해서 여기로 왔어요.

I came here because I heard the Lost and Found Center for Lines 1 and 2 is located at City Hall Station.

**직원** 그럼 혹시 열차 번호나 칸 번호는 알고
계세요?

Do you know the train or car number?

**케빈** 네, 6554였고요, 제가 내린 문은 6-2
였어요.

Yes, it was 6554, the door I exited was 6-2.

어제 오후 5시 10분쯤에 건대입구에서
탔고, 5시 42분에 합정역에서 내렸어요.

I got on at Konkuk University at around 5:10
p.m. yesterday and got off at Hapjeong
Station at 5:42 p.m.

**직원** 들어온 물건이 있는지 바로 확인해 볼
게요.

I'll check right away and see if there are any
items to be returned.

**PART 14-1**

A: 왜 그래? 무슨 일 있어? 얼굴이 안 좋아 보이네.

B: 나 1)_____. 지갑을 잃어버렸어. 어떡해.

A: 어디서?

B: 도서관 화장실에 놓고 온 것 같아서 다시 가 봤는데 없더라고. 어떡하지?

A: 우선 2)_____에 가서 물어보자. 3)_____ 신고가 들어왔을 수도 있으니까. 아, 그 전에 사서 선생님께 먼저 물어보고.

B: 찾을 수 있을까? 돈이랑 카드도 들어 있고, 4)_____ 사진도 들어 있는데.

A: 걱정 마. 찾을 수 있을 거야.

**PART 14-2**

A: 안녕하세요?

B: 네, 무슨 일로 오셨어요?

A: 제가 화장실에서 지갑을 잃어버려서요.

B: 어? 몇 층 화장실에서요?

A: 3층이요. 빨간색 1)_____인데요, 한쪽은 2)_
_____천으로 되어 있어요.

B: 아, 이거 맞으세요?

A: 네, 맞아요. 아, 정말 고맙습니다. 안에 신분증 있으니까 제
거라는 거 확인하실 수 있을 거예요.

B: 제가 확인해 보니까 3)_____은 없더라고요. 지갑을
찾아 주신 분 연락처는 여기 적어 뒀습니다. 혹시 궁금한 게
있으시거나 4)_____하실 거면 여기로 연락하세요.

A: 아, 그렇군요. 돈이 조금 들어 있기는 했지만, 지갑이라도 찾
아서 정말 다행이에요. 정말 감사합니다.

B: 다른 거 없어진 건 없어요? 신용카드 같은 게 없어졌으면 분
실 신고를 빨리 해야 해요.

A: 아, 네, 현금 빼고 다른 건 다 있는 것 같아요. 아, 정말 고맙
습니다.

**PART 14-3**

A: 어? 나 쇼핑백 두고 내렸어. 어떡해!

B: 카메라, 카메라! 지하철 떠나기 전에 빨리 사진 찍자.

A: 어떡해. 찾을 수 있을까?

B: 걱정 마. 내가 1)_____ 번호를 찍었으니까 찾을 수 있을 거야. 열차 번호와 칸 번호, 잃어버린 시간과 역 이름을 알면 찾을 수 있어.

A: 아, 그래? 꼭 찾았으면 좋겠는데.

B: 지금 내가 2)_____ 센터 홈페이지에 신고할게. 잠깐 기다려 봐. 쇼핑백 어떻게 생겼지?

A: 하얀 종이 쇼핑백에 3)_____ 구두 박스, 안에는 아까 샀던 검은색 구두 한 4)_____ 들었어.

**PART 14-4**

A: 어서 오세요. 어떻게 오셨어요?

B: 지하철에서 1)_____ 가방을 놓고 내렸는데요.

A: 혹시 로스트112(lost112)에 신고하셨나요?

B: 네? 그게 뭐예요?

A: 유실물 통합 홈페이지인데, 물건을 분실했을 때 신고하는 곳이에요.

B: 아, 그건 지금 처음 알았네요. 1, 2호선 유실물 센터가 시청역에 있다고 해서 여기로 왔어요.

A: 그럼 혹시 열차 번호나 2)_____ 번호는 알고 계세요?

B: 네, 6554였고요, 제가 내린 문은 6-2였어요. 어제 오후 5시 10분쯤에 건대입구에서 탔고, 5시 42분에 합정역에서 내렸어요.

A: 들어온 물건이 있는지 바로 확인해 볼게요.

**정답**

| PART 14-1 | PART 14-2 | PART 14-3 | PART 14-4 |
|-----------|-----------|-----------|-----------|
| 1) 큰일 났어 | 1) 장지갑 | 1) 열차 | 1) 노트북 |
| 2) 경비실 | 2) 체크무늬 | 2) 유실물 | 2) 칸 |
| 3) 분실물 | 3) 현금 | 3) 갈색 | |
| 4) 소중한 | 4) 사례 | 4) 켤레 | |

한국에서 생활하며 들을 수 있는, 알아 두면 쓸모 있는 표현들로 회화 실력 UP!

여보세요?

안녕하세요? 임수빈 씨 맞으세요?

네, 제가 임수빈인데요, 무슨 일이시죠?

아, 저는 지갑을 잃어버렸던 사람인데요.
오늘 지갑을 찾았거든요.

아~ 그랬군요. 그 빨간색 장지갑 말씀이시죠?

네, 맞아요. 너무 감사합니다.

별말씀을요.
당연히 해야 할 일을 한 것뿐인데요.

그쪽 아니었으면 정말 큰일 날 뻔 했어요.
저에게 소중한 사진도 들어 있고 그래서 정말 걱정 많이 했거든요.
진짜 감사합니다.

잘 찾으셨다고 하니까 다행이네요.
이렇게 연락 주셔서 고맙고요.

저…. 제가 사례를 했으면 하는데….

아이고, 그런 말씀 마세요.
그냥 화장실에서 주워서 나가는 길에 경비실에 맡긴 건데요.

그래도 꼭 사례를….

됐어요, 정말 괜찮습니다.
주인에게 잘 갔다고 하니 그걸로 충분히 기뻐요.
정말 괜찮아요. 오늘도 행복한 하루 보내세요. 끊을게요.

정말 고맙습니다. 진짜 감사합니다.

**실력 UP!** 단어 · 표현 알아보기 ·····························································································

★ 그쪽: 상대방의 호칭을 정하기 어려울 때 상대방을 부르는 말
★ 맡기다: 어떤 물건을 보관하게 하다.

**'어떻게?', '어떡해?', 뭐라고 말해야 해요?**

큰 문제가 생겼을 때 "What should I do?"라는 문장은 한국말로 뭐라고 해야 할까요? '어떻게'와 '어떡해'는 발음이 똑같아요. 둘 다 [어떠케]라고 하지요. 그런데 글로 쓸 때는 뭐라고 써야 될까요?

'어떻게'는 방법을 나타내는 의문사입니다. 영어로 'how'와 같은 뜻이지요. '어떡해'는 '어떻게 해'를 짧게 줄인 말입니다. 그러니까 영어로 하면 'What should I do?'가 되는 거지요. 이제 여러분은 큰 문제가 생겼을 때 "어떻게?"라고 하지 말고 "어떡해!"라고 하세요. 뭐라고 말해도 [어떠케]로 발음되겠지만요.

- 명동에 어떻게/~~어떡해~~ 가요?
- 자기 소개서를 어떻게/~~어떡해~~ 쓰는 것이 좋을까요?
- 여권을 잃어버렸어. ~~어떻게~~/어떡해!
- 나 ~~어떻게~~/어떡해! 오늘 시험을 완전히 망쳤어.

메모

# PART
# 15

🔊 MP3 **15**

# 물건이 고장 났을 때 도움받기

**1** 전원을 연결해도 컴퓨터가 안 켜져요.

**2** 핸드폰이 뜨거워진 후에 꺼져요.

**3** 에어컨 바람이 시원하지 않고 냄새도 나요.

**4** 몇 번 고쳤는데 계속 같은 문제가 생겨요.

## 알아 두면 쓸모 있는 한국 문화

[일반적인 한국의 A/S 기간]

여러분은 컴퓨터가 고장 나면 어떻게 해요? 아마 먼저 컴퓨터를 잘 아는 친구에게 도와달라고 한 다음에 그 친구도 고칠 수 없으면 A/S 센터에 전화를 할 거예요. A/S 센터에 가서 컴퓨터를 고치면 돈을 내야 할까요? A/S를 받는 때에 따라서 돈을 내야 하는 경우도 있고, 돈을 안 내도 되는 경우도 있습니다. 보통 전자제품은 1년 동안 무료 A/S를 보장해요. 제품을 구매한 후 1년이 되지 않았는데 사용자의 실수가 없었는데도 제품에 문제가 생기면 공짜로 수리를 해 주는 거지요. 하지만 1년이 지나면 수리비를 따로 내야 합니다. 보통은 무료 A/S 기간이 1년이지만 제품마다 그 기간이 다를 수 있으니까 꼭 확인해 보고 구매하세요.

- 제 컴퓨터가 고장이 난 것 같아요.

- A/S를 받을 수 있을 거예요.

- 떨어뜨리시거나 물에 빠뜨리신 적이 있나요?

- 갑자기 뜨거워지더니 그냥 꺼지더라고요.

- 에어컨 사용하시기 전에는 필터 청소를 해 주시는 것이 좋습니다.

- 언제쯤 방문하는 게 편하세요?

- 고쳐도 계속 같은 문제가 생기네요.

- 확실히 고쳐 주시거나 방을 바꿔 주셨으면 좋겠어요.

# 1

## 전원을 연결 해도 컴퓨터 가 안 켜져요.

 **유빈 씨, 제 컴퓨터가 고장이 난 것 같아요.**
Yubin, I think my computer is broken.

**어떡하지요?**
What should I do?

 **어떤 문제가 있어요?**
What's the problem?

**그냥 컴퓨터가 켜지지를 않아요.**
It just doesn't turn on.

**전원을 연결해도 안 되네요.**
It doesn't work even if I connect the power.

**언제 샀어요?**
When did you buy it?

**산 지 오래됐어요?**
Did you buy it a long time ago?

**아니요, 5개월 정도 된 것 같아요.**
No. I think it's been about 5 months.

**그러면 A/S를 받을 수 있을 거예요.**
Then you will be able to get A/S.

**저하고 같이 가 봅시다.**
Let's go together.

**직원** ▶ 어서 오세요. 무엇을 도와드릴까요?
Hello, How can I help you?

**케빈** ▶ 핸드폰이 자꾸 꺼져서요.
My cell phone keeps turning off.

**직원** ▶ 혹시 떨어뜨리시거나 물에 빠뜨리신 적이 있나요?
Have you ever dropped it or has it ever fallen in water?

**케빈** ▶ 아니요, 그런 적은 없어요.
No, I've never done that.

며칠 전에 핸드폰이 갑자기 뜨거워지더니 그냥 꺼지더라고요.
A few days ago, it suddenly got hot and just turned off.

다시 켜지기는 하는데 또 어느 정도 지나면 뜨거워지면서 꺼져요.
It turns on again, but after a while, it gets hot and turns off.

**직원** ▶ 아, 고객님. 많이 불편하셨겠어요.
That must have been very frustrating.

제가 접수 도와드리겠습니다.
I'll help you register.

이것 좀 작성해 주시겠어요?
Can you fill this out?

# 2

## 핸드폰이 뜨거워진 후에 꺼져요.

**talk talk 단어 · 표현**

• 빠뜨리다: 울이나 어떤
깊숙한 곳에 빠지게
하다.

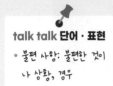
연락 가능하신 연락처와 가지고 계신
휴대전화 모델명, 그리고 불편 사항을
간단히 적어 주시면 됩니다.

Just write down your contact information,
the model name of the cell phone you have,
and any problems.

케빈 ▶ 모델명은 그냥 갤○○ 20으로 적으면
되나요?

Can I just write down the model name as
GalOO 20?

직원 ▶ 네, 다른 건 제가 추가로 적겠습니다.

Yes, I'll write any additional information.

**A/S** 네, 시대 서비스 센터입니다.

Hello, this is Sidae Service Center.

**제니** 여보세요? 에어컨에 문제가 있어서 전화 드렸습니다.

Hello? I'm calling because there's a problem with my air conditioner.

**A/S** 네, 고객님 많이 불편하셨겠네요.

I see sir, that must have been frustrating for you.

어떤 부분에 문제가 있나요?

What's the problem?

**제니** 바람도 안 시원하고, 이상한 냄새도 나고 그래요.

The wind is not cool, and it smells weird.

**A/S** 혹시 올여름 사용하기 전에 필터 청소는 하셨나요?

Did you clean the filter before using it this summer?

**제니** 필터요? 아니요.

Filter? No, I didn't.

**A/S** 에어컨 사용하시기 전에는 필터 청소를 해 주시는 것이 좋습니다.

It's best to clean the filter before using the air conditioner.

# 3

## 에어컨 바람이 시원하지 않고 냄새도 나요.

**문법 check!**

- V + -겠네요: 상대방의 감정이나 상태를 추측하고 공감할 때 사용하는 표현

**talk talk 단어 · 표현**

- 올여름: 이번 해의 여름
- 필터: (에어컨에서) 공기에서 먼지를 막아 주는 장치

청소를 하지 않으면 냄새가 날 수 있어서요.

It will smell if you don't clean it.

그런데 바람이 시원하지 않은 건 수리 기사님이 직접 봐야 알 수 있을 것 같네요.

I think only a repairman will be able to find out why the wind is not cool.

냉매 충전한 지는 얼마나 되셨나요?

How long have you been charging your refrigerant?

 냉매요? 잘 모르겠어요.

Refrigerant? I don't know anything about that.

그런 게 있나요?

Is there such a thing?

A/S 아, 그 부분도 수리 기사님께 확인해 달라고 하겠습니다.

It's okay, I'll ask the engineer to check it.

언제쯤 방문하는 게 편하세요?

When is the best time to come?

제니 최대한 빨리 와 주셨으면 하는데요.

I hope you can send someone as soon as possible.

언제 오실 수 있죠?

How soon is it possible?

**A/S** 아, 마침 내일 오전에 예약이 비어 있네요.

Lucky you, we have a reservation free for tomorrow morning.

## 내일 오전 10시 괜찮으세요?

Tomorrow at 10 a.m., is that okay?

**제니** 네, 좋아요. 그러면 내일 10시에 기사님 보내 주세요.

Yes, that's good. Please send the engineer at 10 a.m. tomorrow.

**talk talk 단어 · 표현**

• 비다: ① 일정한 공간에 사람이나 물건 등이 들어 있지 않다, ② 시간이 남다. 여기서는 ②의 뜻

# 4

## 몇 번 고쳤는데 계속 같은 문제가 생겨요.

**talk talk 단어 · 표현**

- 변기: 화장실에 있는 똥이나 오줌을 싸는 기구
- 고치다: 고장이 나거나 못 쓰게 된 물건을 손질하여 제대로 되게 하다.

---

**유토** ▶ 여보세요? 여기 1203호인데요.
Hello? This is room 1203.

**직원** ▶ 네, 무슨 일이시지요?
Yes, is there a problem?

**유토** ▶ 저희 변기가 막혀서요.
Our toilet is clogged.

**직원** ▶ 아, 그래요? 언제부터 그랬지요?
Oh, sorry to hear that. Since when?

**유토** ▶ 어젯밤에 막혀서 사용을 못하고 있어요.
Since last night. I can't use it,

그런데 이번이 처음이 아니에요.
and this is not the first time.

**직원** ▶ 그래요? 자주 막히나요?
Really? Does it clog often?

**유토** ▶ 네, 한 달 전부터 그랬는데, 고쳐도 계속 같은 문제가 생기네요.
Yes, it's been like that for a month, but the same thing happens again even if I fix it.

이번이 벌써 네 번째예요.
This is already the fourth time.

**직원** ▶ 저런, 많이 불편하셨겠네요.
You must have been very frustrated.

**유토 ▶** 확실히 고쳐 주시거나 방을 바꿔 주셨
으면 좋겠어요.

I hope you can fix it completely or change
the room.

**직원 ▶** 네, 수리 기사에게 꼭 전달하겠습니다.

Okay, I'll make sure to send a repair
engineer.

만약에 이번에 수리하고 또 같은 문제
가 생기면 그때는 방도 바꿔 드릴게요.

If it happens again after repairing it this
time, I will change your room.

**talk talk 단어 · 표현**

- 바꾸다: 원래 있던 것
  을 없애고 다른 것으로
  채워 넣거나 대신하게
  하다.
- 수리 기사: 수리하는 기
  술자
- 전달(하다): 말이나 물
  건 등을 다른 사람에
  게 전하여 알게 하다.
- 수리(하다): 고장 나거
  나 오래된 것을 손보아
  고치다.

**PART 15-1**

A: 유빈 씨, 제 컴퓨터가 1)_____이 난 것 같아요. 어떡하지요?

B: 어떤 문제가 있어요?

A: 그냥 컴퓨터가 켜지지를 않아요. 2)_____을 연결해도 안 되네요.

B: 언제 샀어요? 3)_____ 오래됐어요?

A: 아니요, 5개월 정도 된 것 같아요.

B: 그러면 A/S를 받을 수 있을 거예요. 저하고 같이 가 봅시다.


**PART 15-2**

A: 어서 오세요. 무엇을 도와드릴까요?

B: 핸드폰이 자꾸 꺼져서요.

A: 혹시 1)_____ 물에 2)_____ 적이 있나요?

B: 아니요, 그런 적은 없어요. 며칠 전에 핸드폰이 갑자기 뜨거워지더니 그냥 꺼지더라고요. 다시 켜지기는 하는데 또 어느

정도 지나면 뜨거워지면서 꺼져요.

A: 아, 고객님. 많이 불편하셨겠어요. 제가 접수 도와드리겠습니다. 이것 좀 작성해 주시겠어요? 연락 가능하신 연락처와 가지고 계신 휴대전화 모델명, 그리고 3)＿＿＿＿＿＿＿＿ ＿＿＿＿＿＿을 간단히 적어 주시면 됩니다.

B: 모델명은 그냥 갤○○ 20으로 적으면 되나요?

A: 네, 다른 건 제가 추가로 적겠습니다.


**PART 15-3**

A: 네, 시대 서비스 센터입니다.

B: 여보세요? 에어컨에 문제가 있어서 전화 드렸습니다.

A: 네, 고객님 많이 1)＿＿＿＿＿＿＿＿＿＿＿＿＿＿＿. 어떤 부분에 문제가 있나요?

B: 바람도 안 시원하고, 이상한 2)＿＿＿＿＿＿도 나고 그래요.

A: 혹시 올여름 사용하기 전에 3)＿＿＿＿＿ 청소는 하셨나요?

B: 필터요? 아니요.

A: 에어컨 사용하시기 전에는 필터 청소를 해 주시는 것이 좋습니다. 청소를 하지 않으면 냄새가 날 수 있어서요. 그런데 바람이 시원하지 않은 건 수리 기사님이 직접 봐야 알 수 있을 것 같네요. 4)_____ 충전한 지는 얼마나 되셨나요?

B: 냉매요? 잘 모르겠어요. 그런 게 있나요?

A: 아, 그 부분도 수리 기사님께 확인해 달라고 하겠습니다. 언제쯤 5)_____ 하는 게 편하세요?

B: 최대한 빨리 와 주셨으면 하는데요. 언제 오실 수 있죠?

A: 아, 마침 내일 오전에 예약이 6)_____ 있네요. 내일 오전 10시 괜찮으세요?

B: 네, 좋아요. 그러면 내일 10시에 기사님 보내 주세요.

**PART 15-4**

A: 여보세요? 여기 1203호인데요.

B: 네, 무슨 일이시지요?

A: 저희 1)_____가 막혀서요.

B: 아, 그래요? 언제부터 그랬지요?

A: 어젯밤에 막혀서 사용을 못하고 있어요. 그런데 이번이 처음이 아니에요.

B: 그래요? 자주 막히나요?

A: 네, 한 달 전부터 그랬는데, 고쳐도 계속 같은 문제가 생기네요. 이번이 벌써 네 번째예요.

B: 저런, 많이 불편하셨겠네요.

A: 확실히 고쳐 주시거나 방을 2)_____ 주셨으면 좋겠어요.

B: 네, 수리 기사에게 꼭 3)_____ 하겠습니다. 만약에 이번에 4)_____ 하고 또 같은 문제가 생기면 그때는 방도 바꿔 드릴게요.

한국에서 생활하며 들을 수 있는, 알아 두면 쓸모 있는 표현들로 회화 실력 UP!

에어컨 바람이 안 시원하다고요?

네, 그리고 이상한 냄새도 나고요.
왜 이러는 거예요?

상담 받으실 때 들으셨겠지만, 아마 냉매랑 필터 때문일 거예요.
제가 한번 볼게요.

네, 이쪽에 있어요.
의자 하나 드릴까요?

네, 고맙습니다.
고객님, 내부에 곰팡이가 많이 피었네요.
내부 청소를 해야 할 것 같아요.
필터는 청소하는 걸로는 안 될 것 같고 새것으로 갈아야 되겠는데요.

아, 그렇군요.
그것 때문에 냄새가 나는 거예요?

네, 그리고 냉매는 있는데요?
그래도 제가 온 김에 냉매는 가득 채워 드리고 갈게요.

네, 고맙습니다.

그런데 실외기는 어디 있죠?
시원한 바람이 안 나오는 건 실외기 문제일 수 있거든요.

실외기는 이쪽 베란다(발코니)에 있어요.

아, 햇빛이 잘 드는 곳에 있네요.
실외기가 너무 뜨거워지면 에어컨에서 나오는 바람이 덜 시원할 수
있어요.

그럼 어떻게 해야 돼요? 고칠 수 있나요?

수리까지는 아니고, 제가 조치를 좀 취해 드릴게요.
저, 차에서 뭘 좀 가지고 올게요.

네, 다녀오세요.

**실력 UP!** 단어 · 표현 알아보기 ······························································

★ 실외기: 에어컨 부품 중 밖에 있는 기계
★ 조치: 어떤 문제에 대해 처리하는 것

### "이거 고쳐 주세요."라는 말이 예의 없는 말인가요?

수리 센터에 가서 "이거 고쳐 주세요."라고 말하는 것은 아무 문제가 없습니다. 높임말로 부탁을 하는 표현이니까요. 그런데 한국 사람들은 이렇게 말하지 않아요. 조금 더 부드럽고 예의 바르게 표현하기 위해서 '좀'이라는 어휘(부사)를 붙여서 말하지요. "이거 좀 고쳐 주세요."라고 말하면 조금 더 부드럽고 예의 바른 느낌을 줍니다.

그럼 이것보다 더 예의 바른 표현도 알아볼까요? "이거 좀 고쳐 주시겠어요?" 또는 "이거 좀 고쳐 주실 수 있어요?"라고 표현하면 더욱 정중하게 부탁하는 느낌을 줄 수 있습니다.

### 말할 때도 말하고 들을 때도 말해요?

대화를 할 때는 말하는 것만큼 듣는 것도 중요합니다. 그런데 이야기를 '듣는다'라고 해서 아무 말도 안 하고 듣기만 하는 게 좋을까요? 상대방의 말을 잘 듣고 있다는 것을 보여 주기 위해서는 타이밍을 맞춰서 고개를 끄덕이거나 적절한 반응을 하는 것이 더욱 좋습니다. 잘 듣고 있다는 것을 보여 주기 위한 표현을 알아볼까요?

예를 들어, 친구가 자기의 경험을 이야기할 때 중간중간 "정말?", "진짜?", "그래?" 등의 말을 하면 친구의 이야기를 잘 듣고 있다는 느낌을 줍니다. 이외에도 요즘은 감탄이나 공감한다는 것을 나타내기 위해 신조어 "헐", "대박"과 같은 말도 많이 씁니다.

또 "A + -았/었겠다"를 사용해서 친구가 느꼈을 감정에 공감해 주는 것도 좋습니다. 친구에게 기쁜 일이 있었으면 "정말 좋았겠다!", 친구에게 힘든 일이 있었으면 "어떡해…. 너무 힘들었겠다." 이렇게 말할 수 있겠지요?

메모

# 긴급 상황 신고하기

**1** 접촉 사고가 났어요.

**2** 택배가 없어졌는데, 확인 좀 해 주세요.

**3** 경찰을 부르는 게 좋을 것 같아요.

**4** 불이 났는데, 빨리 좀 와 주세요.

**알아 두면 쓸모 있는 한국 문화**

[112 먼저? 119 먼저?]

교통사고가 나서 사람이 다치면 어디로 전화해야 할까요? 사람을 구해야 하니까 119로 전화해서 구급대를 불러야 하고, 112로 전화해서 경찰에게도 알려야 하잖아요. 그럼 어디에 먼저 전화하는 게 좋을까요? 이제 여러분은 그런 고민을 하지 않으셔도 됩니다. 이제는 119, 112 어디로 전화해도 구급대와 경찰서에 동시에 연락이 됩니다.

혹시 한국어를 잘 몰라서 신고하기 불편하다면 대한민국 행정안전부에서 운영하는 모바일 긴급 신고 앱을 이용하시면 됩니다. 이 앱은 그림을 보고 선택할 수 있을 뿐만 아니라 13개 국어가 번역 지원되어 여러분 나라의 언어로 문자를 보내면 실시간 번역이 되어서 상황실로 연결되거든요.

- 지금 접촉 사고가 나서요.

- 사진 찍고 나서 갓길로 차를 빼 주시겠어요?

- 다른 사람이 가지고 간 것 같아서 신고하려고요.

- 지금 전화 주신 곳이 노원구인 것 같은데, 맞으신가요?

- 경찰이 와서 CCTV로 확인해 줄 거예요.

- 경찰이 사진 찍고 차를 갓길로 빼 줬으면 하시네요.

- 불길은 안 보이고 까만 연기가 많이 나고 있어요.

- 아직 못 나온 사람도 꽤 되는 것 같아요.

# 접촉 사고가 났어요.

**talk talk 단어 · 표현**

- 접촉 사고: 차와 차가 살짝 부딪힌 작은 교통 사고
- 부딪히다: 어떤 것이 다른 것과 힘 있게 닿게 되다. (≒ 부딪치다)
- 갓길: 자동차 도로에서 급한 상황을 위해 만들어 놓은 길

**경찰** ▶ 여보세요? 무엇을 도와드릴까요?

Hello? How can I help you?

**케빈** ▶ 아, 지금 접촉 사고가 나서요.

Oh, there's just been an accident.

**경찰** ▶ 네, 다치신 분은 없고요?

Okay, is anyone hurt?

**케빈** ▶ 네, 그냥 살짝 부딪혔어요.

No, it was just a bump.

**경찰** ▶ 위치를 알려 주십시오.

Please give me the location.

**케빈** ▶ 여기 시대 대학교에서 남성으로 가는 길인데요, 시대 주유소에서 남성 쪽으로 50m 정도 되는 곳이에요.

It's the road from Sidae University to Namseong, about 50m from the gas station heading towards Namseong.

**경찰** ▶ 네, 알겠습니다. 바로 가겠습니다.

Got it. We'll go right away.

사진 찍고 나서 갓길로 차를 빼 주시겠어요?

Can you take a picture and then pull the car off and onto the shoulder?

**프엉** 여보세요? 경찰서지요?

Hello? Is this a police station?

**경찰** 네, 어떻게 도와드릴까요?

Yes, how can I help you?

**프엉** 저희 집 앞에 배송된 택배가 없어졌어요.

The delivery package from in front of my house is gone.

다른 사람이 가지고 간 것 같아서 신고하려고요.

I think someone took it, so I want to report it.

**경찰** 혹시 확인 가능한 CCTV 있을까요?

Is there any CCTV device that you can check?

**프엉** 네, 택배 기사님이 배송 완료한 사진 보내 주셨고,

Yes, the delivery man sent me a picture of the completed delivery,

경비실에서 CCTV로 모르는 사람이 택배 상자 가지고 가는 것까지 확인해 주셨어요.

and the security office confirmed that an unknown person took the box through CCTV.

## 2

# 택배가 없어졌는데, 확인 좀 해 주세요.

**talk talk 단어 · 표현**

- 택배: 우편물이나 짐, 상품 등을 원하는 장소까지 직접 배달해 주는 것
- 완료: 완전히 끝마침.

**경찰** 알겠습니다. 지금 전화 주신 곳이 노원 구인 것 같은데, 맞으신가요?

I see. I think the place you are calling from is Nowon-gu. Is that right?

**프엉** 네, 상계동 시대 아파트 1단지예요.

Yes, it's the first complex of Sidae apartments in Sanggye-dong.

**경찰** 알겠습니다. 관할 경찰서로 전달되면 전화 주신 번호로 연락 한번 드리고 출 동하실 겁니다.

Okay. When it is reported to the local police station, they will contact the number you gave and send someone.

**프엉** 네, 고맙습니다.

Okay, thank you.

**경찰** 아, 그리고 경비실 전화번호 좀 알려 주 시겠어요?

Oh, can you give me the phone number of the security office?

그것도 같이 전달할게요.

I'll report that as well.

**프엉** 네, 1234-5678이에요.

Yes, it's 1234-5678.

**talk talk 단어 · 표현**

• 관할: ① 어떤 지역이 나 일에 대해서 권리를 가지고 다스림, ② 다 스릴 권리와 책임이 있 는 범위 또는 지역. 여기 서는 ②의 뜻

• 출동(하다): 어떤 목적 을 위해서 출발하다.

**운전자1** 괜찮으세요? 많이 놀라셨지요?

Are you okay? Were you taken by surprise?

**운전자2** 저기요! 신호가 바뀌었는데 계속 가시면 어떡해요?

Hey! The light changed, why did you keep going? why?

**운전자1** 아니에요, 선생님께서 급하게 나오시다가 부딪힌 거예요.

No, sir that's not true. You were rushing out and bumped into me.

**운전자2** 무슨 말씀이세요?

What are you talking about?

그쪽이 꼬리 물기하신 거잖아요.

You were chasing the car in front.

**운전자1** 선생님, 이 부분은 지금 저희끼리 얘기할 필요가 없을 것 같아요.

Sir, I think we do not need to talk about this now.

경찰이 와서 CCTV로 확인해 줄 거예요.

The police will come and check the CCTV.

**운전자2** 아, 그래요. 보나마나지만 뭐 그렇게 합시다.

Okay. It's obvious, but let's do that.

# 3

## 경찰을 부르는 게 좋을 것 같아요.

**talk talk 단어 · 표현**

• 꼬리 물기: 교통 신호가 바뀐 상태에서도 멈추지 않고 앞차를 계속 따라가는 것

**문법 check!**

• A/V + -(으)나마나: 어떤 행동을 하거나 안 하거나 결과는 똑같을 것이라는 강한 추측을 나타내는 표현

## 그럼 그쪽이 경찰 부르세요.

Then you call the police.

운전자1▶ **네, 알겠습니다. 선생님, 경찰이 사진 찍고 차를 갓길로 빼 줬으면 하시네요.**

All right, sir. The police wanted to take a picture and pull the car off the shoulder.

운전자2▶ **뭐라고요?**

I beg your pardon?

## 진짜 경찰이 그랬다고요?

Did the police really say that?

운전자1▶ **네, 직접 통화해 보시겠어요?**

Yes, would you like to call them directly?

## 여기요.

Here you go.

**119** ▶ 소방서입니다. 무엇을 도와드릴까요?
This is the fire station. How can I help you?

**제니** ▶ 여보세요? 여기 중계동인데 불이 났어요.
Hello? This is Junggye-dong, there's a fire.

**119** ▶ 네, 정확한 위치가 어디시죠?
Okay. What is the exact location?

**제니** ▶ 중계동 은행사거리 있잖아요.
There's a bank at the intersection in Junggye-dong.

거기 시대 은행 건물이에요.
It's the Sidae Bank building.

**119** ▶ 바로 출동하겠습니다.
We'll come right away.

지금 불길이 보이십니까?
Can you see any flames?

**제니** ▶ 아니요, 불길은 안 보이고 까만 연기가 많이 나고 있어요.
No, I can't see any flames. There's a lot of black smoke coming out.

빨리 좀 와 주세요.
Please hurry and come.

# 4

## 불이 났는데, 빨리 좀 와 주세요.

**talk talk 단어 · 표현**
• 불길: 세게 타는 불꽃

**talk talk 단어 · 표현**
- 대피: 위험에서 피하는 것
- 꽤: 보통보다 더한 정도
- 얼른: 시간을 끌지 않고 바로

 네, 알겠습니다. 건물 안의 사람들은 대피한 상태인지 확인 가능할까요?

I see. Can I check if the people inside are evacuated?

제니 잘 모르겠는데, 아직 못 나온 사람도 꽤 되는 것 같아요.

I'm not sure, but I think there are quite a few people who haven't come out yet.

창문으로 안에 있는 사람들이 보여요.

I can see people inside through the window.

저 건물에 학원이 많아서 아이들이 대부분일 거예요. 얼른 와 주세요.

There are many academies in that building, so most of them will be children. Please come quickly.

119 네, 지금 출동하니까 잠시만 기다려 주십시오.

Okay, we'll be on the move soon, Please wait.

신고해 주셔서 감사합니다.

Thank you for reporting the situation.

## PART 16-1

A: 여보세요? 무엇을 도와드릴까요?

B: 아, 지금 1)_____ 가 나서요.

A: 네, 다치신 분은 없고요?

B: 네, 그냥 살짝 2)_____.

A: 위치를 알려 주십시오.

B: 여기 시대 대학교에서 남성으로 가는 길인데요. 시대 주유소
에서 남성 쪽으로 50m 정도 되는 곳이에요.

A: 네, 알겠습니다. 바로 가겠습니다. 사진 찍고 나서 3)_____
_____로 차를 빼 주시겠어요?

## PART 16-2

A: 여보세요? 경찰서지요?

B: 네, 어떻게 도와드릴까요?

A: 저희 집 앞에 배송된 1)_____ 가 없어졌어요. 다른
사람이 가지고 간 것 같아서 신고하려고요.

B: 혹시 확인 가능한 CCTV 있을까요?

A: 네, 택배 기사님이 배송 완료한 사진 보내 주셨고, 2)_____
_____에서 CCTV로 모르는 사람이 택배 상자 가지
고 가는 것까지 확인해 주셨어요.

B: 알겠습니다. 지금 전화 주신 곳이 노원구인 것 같은데, 맞으
신가요?

A: 네, 상계동 시대 아파트 1단지예요.

B: 알겠습니다. 관할 경찰서로 전달되면 전화 주신 번호로 연락
한번 드리고 3)_____ 하실 겁니다.

A: 네, 고맙습니다.

B: 아, 그리고 경비실 전화번호 좀 알려 주시겠어요? 그것도 같
이 전달할게요.

A: 네, 1234-5678이에요.

### PART 16-3

A: 괜찮으세요? 많이 놀라셨지요?

B: 저기요! 신호가 바뀌었는데 계속 가시면 어떡해요?

A: 아니에요, 선생님께서 급하게 나오시다가 부딪힌 거예요.

B: 무슨 말씀이세요? 그쪽이 1)_____ 하신 거잖아요.

A: 선생님, 이 부분은 지금 저희끼리 얘기할 필요가 없을 것 같아요. 경찰이 와서 CCTV로 확인해 줄 거예요.

B: 아, 그래요. 2)_____ 뭐 그렇게 합시다. 그럼 그쪽이 경찰 부르세요.

A: 네, 알겠습니다. 선생님, 경찰이 사진 찍고 차를 갓길로 3)_____ 줬으면 하시네요.

B: 뭐라고요? 진짜 경찰이 그랬다고요?

A: 네, 직접 통화해 보시겠어요? 여기요.


**PART 16-4**

A: 소방서입니다. 무엇을 도와드릴까요?

B: 여보세요? 여기 중계동인데 불이 났어요.

A: 네, 정확한 위치가 어디시죠?

B: 중계동 은행사거리 있잖아요. 거기 시대 은행 건물이에요.

A: 바로 출동하겠습니다. 지금 1)_____이 보이십니까?

B: 아니요, 불길은 안 보이고 까만 2)_____가 많이 나고 있어요. 빨리 좀 와 주세요.

A: 네, 알겠습니다. 건물 안의 사람들은 3)_____한 상태인지 확인 가능할까요?

B: 잘 모르겠는데, 아직 못 나온 사람도 4)\_\_\_\_\_ 되는 것 같아요. 창문으로 안에 있는 사람들이 보여요. 저 건물에 학원이 많아서 아이들이 대부분일 거예요. 5)_____ 와 주세요.

A: 네, 지금 출동하니까 잠시만 기다려 주십시오. 신고해 주셔서 감사합니다.

**정답**

**PART 16-1**
1) 접촉 사고
2) 부딪혔어요
3) 갓길

**PART 16-2**
1) 택배
2) 경비실
3) 출동

**PART 16-3**
1) 꼬리 물기
2) 보나마나지만
3) 빼

**PART 16-4**
1) 불길
2) 연기
3) 대피
4) 꽤
5) 얼른

270 PART 16

한국에서 생활하며 들을 수 있는, 알아 두면 쓸모 있는 표현들로 회화 실력 UP!

안녕하세요? 연락 받고 출동했습니다.
여기 두 차량이 부딪힌 건가요?

네, 아까 말씀드렸듯이 신호가 막 바뀌었을 때 부딪혔어요.

어디 다치신 데는 없고요?

네, 다행히 살짝 부딪혔어요.
저는 좀 막히는 상태에서 신호를 건너고 있어서 서행했고요.
저쪽은 막 출발하는 거여서 속도가 안 났거든요.

다른 운전자 분은 어디 계시죠?

저쪽에서 보험사랑 통화중인 것 같아요.

지금 서로 상대방 잘못이라고 하는 상황이죠?

네, 저쪽은 제가 꼬리 물기한 거라고 하는데,
저쪽이 분명히 신호 바뀌자마자 바로 튀어나온 거거든요.

네, 곧 CCTV 확인해 볼 거니까 잠시만 기다려 주세요.

네, 얼마나 걸릴까요? 차 안에서 기다려도 될까요?

한국에서 생활하며 들을 수 있는, 알아 두면 쓸모 있는 표현들로 회화 실력 UP!

네, 여기 오는 길에 CCTV 확인 요청을 해 놨으니까 곧 결과 나올 겁니다.
차 안에 들어가서 기다리세요.

네, 감사합니다.

**실력 UP!** 단어 · 표현 알아보기 ·······

★ 차량: 자동차나 열차
★ 막: 바로 그때
★ 서행(하다): 천천히 가다.
★ 속도가 나다: 속도가 빨라지다.
★ 튀어나오다: 갑자기 나타나다.
★ 요청(하다): 필요한 것을 부탁하다.

## 걱정할 때도 "어떡해요?", 화낼 때도 "어떡해요?"

큰 문제가 생겼을 때 "어떡해요?"라고 말하는 거, 여러분도 잘 아시지요? 그런데 이 말은 싸울 때도 많이 써요. "어떡해요?"에는 '그렇게 하면 안 된다'라는 뜻도 있거든요. 예를 들어, "이렇게 늦게 오면 어떡해요?"라는 말은 "이렇게 늦게 오면 안 돼요."라는 말이지요. "어떡해요?"는 이렇게 두 가지 상황에 쓰는 말인데, 두 가지 상황 모두 별로 좋지 않은 상황이네요. 여러분은 "어떡해요?"라는 말을 하지도 듣지도 않았으면 좋겠네요.

## '아저씨'를 '아저씨'라고 부르면 안 돼요?

평소에도 말을 조심해서 해야 하지만, 특히 분위기가 안 좋을 때는 더 조심해서 말해야 합니다. 예를 들어, 접촉 사고가 났을 때는 서로 스트레스를 받을 수 있는 상황이잖아요. 이 때 가장 조심해야 할 것 중 하나가 바로 상대방을 부르는 말, 즉 호칭입니다. 처음 보는 사람을 어떻게 부르면 좋을까요? 먼저 안 좋은 말부터 알려 줄게요. 이 말은 가급적 쓰지 않는 것이 좋으니까요.

문제 상황이 생겼을 때는 상대방을 부를 때 "아저씨, 아줌마, 그쪽, 당신" 등의 단어를 쓰지 않는 것이 좋습니다. 이 단어들이 나쁜 말은 아니지만 안 좋은 분위기, 싸움이 될 수 있는 상황에서는 상대의 기분을 상하게 할 수 있거든요. 그러니까 이런 호칭은 사용하지 마시고, 대신 "선생님, 사장님, 사모님, 여사님"이라는 단어를 사용하는 것이 좋습니다. 이런 호칭은 상대방을 존중한다는 느낌이 있어서 분위기를 조금 부드럽게 해 줄 거예요.

메모

# 부록

# 공부한 내용 한눈에 다시 보기

앞에서 공부한 필수 표현과 문장들을 다시 확인해 볼까요?
기억이 나지 않는다면 옆에 적힌 쪽 번호를 보고 되돌아가서 해당 부분을 다시 공부해 봅시다.

## 필수 표현 한눈에 다시 보기

앞에서 공부한 필수 표현과 문장들을 다시 확인해 볼까요?

기억이 나지 않는다면 옆에 적힌 쪽 번호를 보고 되돌아가서 해당 부분을 다시 공부해 봅시다.

**PART 08 | 약국에서 약 사기**

**PART 09 | 우체국에서 우편물 접수하기**

**PART 10 | 식당에서 음식 주문하기**

# 좋은 책을 만드는 길 독자님과 함께하겠습니다.

도서에 궁금한 점, 아쉬운 점, 만족스러운 점이
있으시다면 어떤 의견이라도 말씀해 주세요.
SD에듀는 독자님의 의견을 모아 더 좋은 책으로 보답하겠습니다.

**www.sdedu.co.kr**

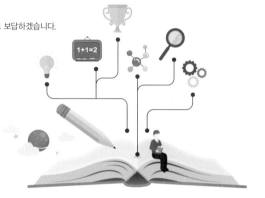

---

## 배워서 바로 써먹는 찰떡 한국어 필수 회화

| | |
|---|---|
| 초 판 발 행 | 2022년 05월 04일 (인쇄 2022년 03월 18일) |
| 발 행 인 | 박영일 |
| 책 임 편 집 | 이해욱 |
| 저 자 | 임준 |
| 편 집 진 행 | 구설희 · 김서아 · 곽주영 |
| 표지디자인 | 이미애 |
| 편집디자인 | 양혜련 · 장성복 |
| 발 행 처 | (주)시대고시기획 |
| 출 판 등 록 | 제10-1521호 |
| 주 소 | 서울시 마포구 큰우물로 75 [도화동 538 성지 B/D] 9F |
| 전 화 | 1600-3600 |
| 팩 스 | 02-701-8823 |
| 홈 페 이 지 | www.sdedu.co.kr |
| I S B N | 979-11-383-1366-7 (14710) |
| | 979-11-383-1365-0 (세트) |
| 정 가 | 15,000원 |

---